Ruth Petitjean   Haben Engel Bauchnabel ?

Ruth Petitjean-Plattner

Haben Engel Bauchnabel?

24 Geschichten, 3 Gedichte

Verlag Infra-Text

Texte: Ruth Petitjean-Plattner

Impressum   Seite 137
Alle Rechte vorbehalten © 2007 by Verlag infra-text

Für weitere Infos: www.rpp.ch

INHALTSVERZEICHNIS

Vorwort: Dr.theol. Florence Develey 3
Gedanken der Autorin Ruth Petitjean 5

I Irdische Engel
Es wurde hell, als Herr Engel sprach 9
Engel und Esel auf Reisen 13
Begegnung mit dem Lila-Engel 17
Tag der offenen Tür 23
Das rosarote Ticket 29

II Andere geflügelte Wesen
Bloss zwei alte Hühner 35
Gartenspötter und Einbeinlein 39
„Chuchichänschterlis" letzter Flug 43
Der Winter, der keiner war 47
Rollenspiel auf Rädern 51

III Angèle
Hanfkissele 55
Der Fisch im Koffer 61
Schade für das scheene Auto 67
Erster November 1986, Allerheiligen 73
Du heisst ja auch Engel, sprach der Engel 75

IV Bengelchen im Schulzimmer
Josefs Kleid 87
Wendezeit 91
Ein Virus in Gottes Schöpfungsprogramm 93
Vom traurigen Kind in den lustigen Pantoffeln 95

V Engel im Advent
Das gefrässige Engelchen 101
Haben Engel Bauchnäbel? 105
Eigentlich wäre es eine besinnliche Zeit 109
Einsam wacht 113
Die ganz echte Weihnachtsgeschichte 117

VI Mundartgedichte für Engel und Bengel, zum Vorlesen
D' Schmützli 121
Alternativdaag 125
D'Schuel friener und hütte 131

Vorwort: Dr.theol. Florence Develey

Für gewöhnlich sind sie klein, rund und pausbackig, goldgelockt mit feinen Flügelchen. Oder lang und hager, ätherisch verklärt und von unnahbarer Güte. Von Engeln ist die Rede, freilich.

Dass Engel allenfalls einen Bauchnabel haben, durchaus Sinn für (lila) Mode beweisen, bestens mit ganz Irdischem wie Geldscheinen zu hantieren verstehen, Fische im Koffer transportieren und auch mal gern Label-T-shirts tragen – das ist neu. Neu ist auch, dass Engel ausgedienten Möbelstücken zur wirkungsvollen Inszenierung ihrer Rebellion gegen die Vergänglichkeit Pate stehen, sich traurigen Kindern als Trostclowns sprichwörtlich an die Füsse heften, manchmal mitten im Canabisfeld stehen und Autos halbbewusst über die Grenze schmuggeln.

„Haben Engel Bauchnabel?" ist ein Buch über Wesen zwischen Himmel und Erde, denen jeder sensible Beobachter begegnen kann. In ihrer feinfühligen und phantasievollen Art des Welterlebens lässt Ruth Petitjean Alltagserfahrungen und -begebenheiten durchsichtig werden für ihre spirituelle, symbolische Dimension. Engel werden dadurch greifbar, bodenständig und in ihrer menschlichen Mangelhaftigkeit rührend liebenswert. Oder wer erliegt nicht augenblicklich dem Charme eines hungrigen Kinder-Engelchens im pfarrmütterlichen Babydoll?

Wenn nun aber Engel auch sehr irdisch sein können, lautet die Konsequenz, dass manchen Engelsgeschichten kein Happy End beschieden ist. Dass sie traurig bleiben, fragend, unaufgelöst. Dass sie die Augen nicht verschliessen vor Sinnlosigkeiten im menschlichen Dasein.

Warum das vorliegende Buch so gelungen ist? Diese Frage lässt sich ganz einfach beantworten: weil es ein authentisches Buch ist. Es beinhaltet nur wahre Begegnungen, tiefes Erleben, echte Einfühlung und wunderbar erfrischenden Humor. Dieses Buch ist der Spiegel der Seele der Autorin, deren Freundin zu sein ich mich rühmen darf.

Florence Develey

Gedanken der Autorin Ruth Petitjean

„Haben Engel Bauchnäbel?"
Diese Frage einer Erstklässlerin hat bei mir einiges Nachdenken ausgelöst. Den Gedanken folgte das Schreiben, bis schlussendlich ein ganzes Buch daraus wurde.
Wo, in unserer schnelllebigen Zeit, können wir modernen Menschen denn eigentlich noch Engeln begegnen?
Plötzlich sehe ich sie überall! Sie sind absolut aktuell, die Engel, und sie scheinen nicht nur an Weihnachten Hochbetrieb zu haben, sie sind das ganze Jahr über im Einsatz. Unsere nüchterne Zeit scheint sie nötiger zu haben denn je, diese geheimnisvollen Helfer aus den himmlischen Sphären.

Engel sind nicht mit dem Verstand zu begreifen, sie wirken eher im mystisch Verborgenen.
In griechisch bedeutet „Angelos" Bote; Boten als spirituelle Vermittler zwischen dem Realen, Fassbaren und dem Irrealen, Unfassbaren; zwischen Irdischem und Himmlischem, zwischen den Menschen und Gott.
Die Vorstellung von Engeln gehört zu unserer Kultur, insbesondere in der jüdischen und christlichen Religion.
Es finden sich Engel aller Epochen und jeglicher Form in vielen alten und neueren Kirchen, in Kathedralen und anderen Gotteshäusern, auf Gemälden und in der Musik.
Wachend, tröstend, schützend werden sie dargestellt, würdevoll, oder auch als kleine, drollige Putten.
Und heute also sind sie beliebter denn je. In Autos hängen sie an Rückspiegeln. „Fahre nie schneller, als dein Schutzengel fliegen kann", bitten sie auf kleinen Transparenten.

Kinder tragen „ihr Schutzengelchen" an einem Kettchen, in Vitrinen und auf Bücherregalen halten Engel Wache. Es scheint mir, als sehnten sich die Menschen in unserer rational geprägten Welt nach ein wenig Verzauberung und Romantik.

Die Engel in meinem Buch sind oft irdischer Natur. Ich begegne meinen Protagonisten in ganz unterschiedlichen Situationen. Da ist zum Beispiel meine Schwiegermutter. Sie heisst Angèle. Und dieser schwiegermütterliche Engel erzählte mir viele Geschichten aus ihrem Leben, welche das ganze Spektrum eines irdischen Daseins, in all seiner Gegensätzlichkeit, beinhalten.

„Meine" Kinder im Unterricht halten mir ab und zu ganz direkt den Spiegel ihrer – unserer – Zeit vor. Ihre spontanen, oft sehr klugen Äusserungen zu religiösen und weltlichen Themen regen mich zum Schmunzeln und Nachdenken an.

Meine Erzählungen sind kurz und manchmal voller Widersprüche. Es sind Geschichten, wie sie jedem von uns immer wieder begegnen können.

Das verbindende, heilende Element sind immer die Engel, denn sie wirken am liebsten in und durch uns Menschen. Dieser Gedanke hat in einem mir lieben, weithin bekannten Gedicht *Rudolf Otto Wiemers* Ausdruck gefunden:

„Es müssen nicht Engel mit Flügeln sein,
die Engel.
Sie gehen leise, sie müssen nicht schrein,
oft sind sie alt und hässlich und klein,
die Engel.
Sie haben kein Schwert, kein weisses Gewand,
die Engel.
Vielleicht ist einer, der gibt dir die Hand,
oder er wohnt neben dir, Wand an Wand,
der Engel.
Dem Hungernden hat er das Brot gebracht,
der Engel.
Dem Kranken hat er das Bett gemacht,
und er hört, wenn du ihn rufst in der Nacht,
der Engel.
Er steht im Weg und er sagt: Nein,
der Engel,
gross wie ein Pfahl und hart wie ein Stein –
es müssen nicht Engel mit Flügeln sein,
die Engel.

Wir alle treffen viele Menschen jeden Alters, und wir sollten sehr achtsam sein, denn wir können ja nie wissen, ob wir nicht einem Engel begegnen.
Und dies ist wohl auch der Grund, weshalb ich die Geschichten rund um die Bauchnabel-Frage aufgeschrieben habe…

               Ruth Petitjean - Plattner

I Irdische Engel

Es wurde hell, als Herr Engel sprach

Es war gegen Ende der Sechzigerjahre, als ich mich als junge Volontärin in Israel in einem Kibbuz aufhielt. Damals wollten viele Schweizer Leben und Arbeit in der Einfachheit eines Kibbuz kennen lernen. Diese Zeit war, in der westlichen Welt jedenfalls, von einem Idealismus dem jungen Staat gegenüber geprägt. Vielen Überlebenden des Holocaust war es gelungen, im Land ihrer Hoffnung durch ziemlich unkonventionelle Ideen Neues zu erschaffen.
Die Konflikte und Probleme zwischen Palästina und Israel waren uns auch damals schon bekannt; Militär war überall präsent.
In jenen Tagen begegnete ich immer wieder Menschen, welche die schreckliche tätowierte KZ-Nummer auf ihrem Vorderarm trugen. Sie alle hatten die Hölle irgendwie überlebt und hinter sich gelassen; es war ihnen nicht zu verdenken, dass sie ihre Sehnsucht nach Heimat und Zusammengehörigkeit hier zu stillen versuchten. Die Sehnsucht nach wirklichem Frieden aber, die konnte – wie wir alle wissen – leider bis heute nicht gestillt werden.

Zusammen mit einigen schweizer- und auch deutschen Freundinnen schlenderte ich an jenem Tag im Mai 1969 durch Tel Aviv. Die deutschen Mädchen unserer Gruppe gaben sich stets als Schweizerinnen aus, um dadurch Fragen und Konfrontationen, welche die böse Vergangenheit ihres Heimatlandes betrafen, zu vermeiden.
Tel Aviv hatte damals erst ein einziges „Hochhaus" vorzuweisen, etwa zehn Stockwerke hoch. Von dort aus konnten wir eine herrliche Rundsicht auf Jaffa, das azurblaue Meer und die aufstrebende Stadt geniessen. Später, im Zentrum der Stadt, suchten wir nach einem Geschäft, wo wir die

typischen runden kleinen Stoffsonnenhütchen, quasi ein „Markenzeichen" der Kibbuzniks, kaufen wollten.
In einer engen Seitengasse hat man uns ein winziges Lädeli gezeigt, welches solche Hüte verkaufe. „Isaak Engel" stand in „unserer" Schrift an der Ladentüre, und dazu etwas Hebräisches, wahrscheinlich dasselbe.
Ein Ladenglöcklein bimmelte. Zuerst konnten wir im schummerigen Ladeninnern gar nichts erkennen. Als sich unsere Augen etwas an das düstere Dämmerlicht gewöhnt hatten, sahen wir, dass der Laden eher einem engen, ganz lang gezogenen Korridor glich. Die lange Theke war überladen mit allerlei Krimskrams: Haushaltsachen wie Schnüre, Fadenspulen, Wolle; aber auch Kopftücher, Leibwäsche, Schürzen, Taschentücher usw. und Stoffballen.
Wir, etwa sieben junge Frauen, reihten uns vor diesem Ladentisch auf und so besetzten wir die vorhandene Länge des schmalen Geschäfts.
An der Rückwand zogen sich Bretterregale durch die Enge des Raumes; voll gepfercht mit weiteren Dingen eines Merceriegeschäftes.

An dem einem Ende dieses „Korridors" befand sich der Eingang, durch den wir soeben aus dem hellen Sonnenlicht in dieses dunkle Durcheinander eingetreten waren; am anderen Ende öffnete sich nun eine Tür und ein kleines Männchen, welches gerade noch über die Haufen auf seinem Ladentisch blicken konnte, betrat sein Reich.
Jeder Israeli kann bestimmt mehrere Sprachen sprechen und meist findet man die geeignete sofort, beim ersten Wortwechsel mit einem neuen Gesprächspartner.
So war es auch hier. Der kleine Herr – der Herr Engel, wie wir später erfuhren – musterte beim Vorbeigehen diese lange Reihe junger Kundinnen hinter seiner Theke, eine nach

der anderen, dann begrüsste er uns auf Jiddisch. Gut! So konnten wir deutsch mit ihm reden, denn diese beiden Sprachen weisen viele gemeinsame Worte auf.

„Kovatembel" nennen die Israelis die von uns gewünschten Sonnenhütchen in liebevoller Selbstironie. „Idiotenhütchen" heisst das übersetzt. Und solche hat der Mann nun von seinem Regal herunter geangelt.
Er hat, nach Beendigung unserer Geschäfte, noch ein wenig mit uns geplaudert. Was wir hier tun, warum wir hier sind, in welchem Kibbuz wir arbeiten, woher wir kämen und solche Sachen.
„Seid ihr aus Deitschland, Mädele?", hat er gefragt. Sofort antwortete eine aus der Gruppe eifrig: "Nein. Wir sind Schweizerinnen."
Und dann packte mich eine freche Neugier. Ich hatte die tätowierte Nummer bemerkt, die sich unter dem hochgekrempelten Ärmel auf seinem linken Unterarm zeigte. Mit einer recht unbekümmerten Direktheit, wie sie der Jugend zusteht, fragte ich ihn: "Und wenn wir nun Deutsche wären, würden Sie uns dann auch bedienen in Ihrem Geschäft, Herr Engel?"
Der kleine Herr Engel sagte zuerst einmal nichts. Er schaute mich nur lange an, so dass mir ganz unbehaglich wurde.
„Ach Kinderlech", sagte er endlich.
„Hert mir gut zu. Ich habe alle verloren in Deitschland, im KZ. Alle: meine liebe Frau, meine lieben Eltern, meine Kinderlech, scheene, wie du eines bist; mein Bruder, meine Schwestern. Sie alle sind nicht mehr. Sie alle sind dorten geblieben. Tot. Warum ich noch leibe – das weiss nur Gott. Er wollte mir noch ein bissel hier behalten.
Aber jetzt – wenn ihr Deitsche wärt, Mädele? Was kennt denn ihr dafir, fir die Fehler eirer Väter? Ihr seid doch zu

jung, um schuldig zu sein. Eich gehört die Zukunft. Ich bediene hier auch Deitsche, wenn sie kommen. Denn ihr Kinderlech, ihr sollt Gutes erfahren; und fir das, was war, fir das kennt ihr doch nix dafir."

Es wurde hell in diesem Laden. Nachher haben wir das alle zueinander gesagt, dass es ganz hell wurde in diesem schummrigen Geschäft. Und mir war, als wachse der kleine Mann über sich selbst hinaus. Diese höchste Würde des Verzeihens, welche die Liebe am Leben erhält, hat ihn vor unseren Augen gross werden lassen. Er bleibt mir unvergessen.

Engel und Esel auf Reisen
Gedanken nach den Sommerferien

Waren sie diesen Sommer vielleicht unterwegs auf Reisen? Ja?
Da sind Sie bestimmt irgendwelchen Engeln begegnet. Es gibt nämlich keine Reise, kein Land, wo man nicht auf Engel treffen kann. Oder etwa doch nicht? Sie haben keinen gesehen?
Nun ja, schliesslich sind Sie ja kein Esel.
Da steht nämlich eine tiefsinnige Geschichte von einer Eselin (Eselin, wohl wegen der weiblichen Intuition) im alten Testament, welche Engel sehen kann, ganz im Gegensatz zu ihrem Meister Bileam. Der scheint Engeln gegenüber nämlich blind zu sein.
Es ist eigentlich auch eine Reisegeschichte, welche unter 4.Mose 22 – 24 nachzulesen ist:
„Der bekannte Magier Bileam reitet eines Morgens recht unbekümmert auf seiner Eselin zu einem Erzfeind seines eigenen Volkes, um diesem einen Dienst zu erweisen, welcher sich für seine eigenen Leute gewiss als sehr schädlich erweisen wird. Heute würde man dies wohl „Spionagedienst" nennen. Der feindliche König Balak hatte diesen Dienst auch reichlich, im voraus, bezahlt, d.h. der gute Bileam liess sich kaufen.
Da erschien mitten auf dem Weg – quasi als Schutzengel für das hintergangene Volk – ein riesiger Engel mit einem Schwert. Da die Eselin ihn sofort wahrnahm, trabte sie zur Seite auf das Feld. Der engelsblinde Bileam wurde zornig und hieb auf das kluge Tier ein. Da stellte sich der Engel an eine Stelle, die recht eng war. Die Eselin versuchte auszuweichen, sodass Bileam seinen Fuss am Felsen quetschte. Und wieder wollte sich Bileam nicht aufhalten lassen,

sondern er schlug sein armes, kluges Reittier so, dass dieses zuletzt – wohl eher aus Schmerz als aus Demut – vor dem Engel in die Knie sank. Schliesslich wollte es ja auch nicht durch ihn hindurch gehen."
Die Erzählung geht noch recht spannend und dramatisch weiter. Vielleicht habe ich Ihr Interesse geweckt und Sie lesen die Fortsetzung in ihrer alten Bibel gerne selber nach...,
oder aber Sie versuchen, den weiteren Geschichtsverlauf zu erfinden. Bileam könnte ja kopfüber von der knieenden Eselin herunter gepurzelt sein, um erst durch eigenen Schaden endlich sehend zu werden.
Uns geht es oft auch so. Manchmal wollen wir „mit dem Kopf durch die Wand gehen" und dann purzeln wir ganz schön auf die Nase, bevor wir erkennen, dass irgendeine verlockende, viel versprechende Sache für uns doch nicht so klug herausgekommen wäre.

Zurück zur Gruppe „Bileam": Dieses Thema wurde von vielen Künstlern über verschiedene Jahrhunderte hindurch aufgenommen und vielfältig umgesetzt, in Stein, Öl, Holz und was der Möglichkeiten mehr sind.
Auf unserer Ferienreise haben wir Bileam und seinen Esel in der Kathedrale von Autun, im Burgund, angetroffen. Bei der Betrachtung dieser wunderschönen, romanischen Steinmetzarbeit erinnerte ich mich plötzlich an eine Situation, die der hier dargestellten irgendwie verwandt war.
Wir hatten nämlich am Tag zuvor „einen Platten". Mein guter Gatte lag im Staub, in der grössten, flimmernden Hitze, und versuchte, den unter dem Auto befestigten Ersatzreifen zu lösen. Die Schrauben waren verrostet, da seit Jahren nicht mehr gebraucht. Der Schweiss rann ihm von der Stirn und die Schrauben machten keinen Wank. Er erhob sich

mühsam und trat mit dem Fuss ein, zweimal gegen das verbockte Vehikel und nannte es „einen dummen Esel"! Danach ging es.

Wir brauchten jedoch noch Stunden, um im Lande der Renaults und Peugeots die passenden Pneus für unseren Japaner zu finden. Die Hitze stieg und die Stimmung sank. Sehr viel später konnten wir die Reise schlussendlich frisch bereift fortsetzen. Nach einiger Zeit stiessen wir auf Autowracks, traurige Reste einer grauenhaften Auffahrkollision, welche vor wenigen Stunden genau auf unserer Reiseroute passierte. Während wir auf Reifensuche waren… Ob uns ein Schutzengel vor Schlimmem bewahrt hatte, das weiss wohl nur „unser Esel".

Ach, gäbe es doch mehr sehende Esel – und würden wir neunmalklugen Menschen doch wieder lernen, auf sie zu achten. Man kann ja nie wissen, ob es nicht einen guten Grund gibt, wenn einer zu bocken anfängt…!

Begegnung mit dem Lila-Engel
Eine Hommage an die Schauspielerin Yvonne Kupper

Sie hat Stil, meine Freundin aus Zürich; ihren sehr pesönlichen Stil, Chic und einen umwerfenden Charme. Von Beruf ist sie Schauspielerin und Kabarettistin und sie spielt die ihr zugedachten Rollen temperamentvoll, mit oft feuriger Hingabe, sowohl auf der Bühne, wie auch im Alltag des Lebens!

Heute treffe ich sie am Bahnhof Basel. Ich werde sie bestimmt entdecken.

Ihr Zug fährt ein auf Geleise 4, ein Intercity direkt aus Zürich. Schön synchron gehen alle Türen auf und sofort quillt eine bewegte Menschenflut aus sämtlichen Öffnungen. Fast wie ein Fels in einem brodelnden Gewässer komme ich mir plötzlich vor, umspült von den sich eilig vorwärts drängenden Ankömmlingen aus der Limmatstadt. Standhaft halte ich Ausschau nach meiner Freundin. Schon von weitem erblicke ich sie, und nicht nur ich erblicke sie, das ist klar. Sie liebt Farben über alles. Heute erscheint sie in ihren absoluten Lieblingsfarben lila und violett, schön Ton in Ton in Nuancen assortiert, von Kopf bis Fuss! Unter den vorwiegend in grau/schwarz oder höchstens erdfarben gekleideten Mitreisenden wirkt meine Freundin erhaben, schillernd fröhlich wie ein Schmetterling im Novemberwald. Keck sitzt ihr violetter Hut schräg auf ihren dunkeln Locken. Ihre Augen, ihr ganzes Gesicht strahlen und bei unserer Umarmung versinke ich in lila Träume; ich schwebe zwischen Erinnerungen an Lavendelfelder der Provence oder an Milkakühe aus der Schokoladenwerbung. Es ist schon so, die Farben violett/lila bewirken jedenfalls nur positive Assoziationen! Meine Freundin sieht hinreissend

aus und ich sehe in meinem kamelfarbenen, klassischen Herbstmäntelchen ziemlich schlicht aus neben ihr. Eingehakt, Arm in Arm, bieten wir aber einen erfrischenden Anblick.
Meine Freundin, die zu dieser Zeit in einem Vorfasnachtsprogramm im fasnachtsvorfiebernden Basel mitwirkt, lernte auf der Bühne den Begriff – und hinter der Bühne den Genuss – von „Faschtewäje", einer Basler Spezialität, kennen. Nach diesen gelüstet es sie nun, und wir decken uns, im strategisch günstig gelegenen Supermarkt beim Hauptbahnhof, grosszügig damit ein.

Zwischen Bahnhof und Supermarkt hängen allerlei Individuen herum - auf den ersten Blick. Auf den zweiten Blick sind es ganz einfach Menschen... zumeist jüngere, mehr Männer als Frauen. Ein zweiter Blick lohnt sich immer, finde ich. Die Gesichter, die Gestalten der Menschen erzählen Geschichten, Lebensgeschichten; in diesem Fall hier eher ernste. Manchmal sind ein, zwei Hunde dabei, immer ohne Leine treu ihren Besitzern ergeben, auf sie achtend. „Gestrandete, Junkies, Faulenzer, Schmarotzer" sind etwa die Titel, welche dem Durchschnittsbürger beim ersten Blick so durch den Kopf gehen mögen. Meine Freundin ist kein Durchschnittsbürger.

Zudem, Tiernärrin ist sie auch noch. Beim dritten Blick sitzt ein Hund neben uns, ein ziemlich grosser. Ob er wohl „Faschtewäje" frisst? Wir beide greifen in die Tüte. Das verheissungsvolle Rascheln des Papiers scheint dem Hund bekannt; er beginnt eifrig zu wedeln. Er zögert dennoch; mag er diese feine Basler Spezialität etwa nicht?
Erst jetzt gesellt sich ein junger Mann zu uns, eben einer von den „Individuen". Was täte der Durchschnittsbürger

nun? Er würde bestenfalls ein nettes Wort an den Hund richten, aber er würde vielleicht auch sein Handtäschli fester an sich drücken; man weiss ja nie... dann würde er rasch weiter gehen.
Jetzt aber, nachdem uns der junge Mann in Schwarz, mit einer Reihe von Pearcings die Ohren rauf und runter, bestätigt hat, dass sein Hund nichts gegen „Faschtewäje" hat, kommt meine Freundin in Fahrt. Sie stellt alle ihre Taschen achtlos aufs Trottoir, öffnet ihr prallvolles lila Handtäschlein und zückt ihr Portemonnaie. Dabei erzählt sie ihrem Gegenüber begeistert, dass der, inzwischen von mir mit weiteren Bröcklein beglückte Hund, eine absolute Ähnlichkeit mit ihrem Sugar Baby habe. Meine Freundin durchwühlt also ihren Geldbeutel auf der Suche nach einem Foto von ihrem eigenen Hund.
Ich kenne Sugar Baby gut. Es ist ein grau getigertes, wuchtiges Tier mit ziemlich hervorstehenden Kulleraugen, was einen leicht basedow'schen Eindruck erweckt, und den gewaltigsten, aufrecht stehenden Hundeohren, welche ich je gesehen habe. Meine Freundin ist überzeugt, den schönsten Hund der Welt zu besitzen! Mit derselben Überzeugung rühmt der junge Mann die Qualitäten seines Sämis. Er zählt eine erstaunliche Anzahl von Hunderassen auf, welche sich anscheinend alle in seinem Hund vereinigt wieder finden, und er zeigt sich interessiert, ob wohl eine der genannten Rassen auch in Sugar Baby zu entdecken sei.

Wie nun Sugar Babys schlussendlich doch noch aufgefundenes Konterfei herumgereicht und verglichen wird, erkennen wir tatsächlich ein Stückchen Ähnlichkeit: im Nacken hat auch Sämi ein wenig getigertes Fell! Der junge Mann schüttelt seine blonde Mähne und lacht. Er macht meiner Freundin Komplimente und sagt, wie wohltuend erfrischend

es sei, einer Dame in solch farbenprächtiger Garderobe zu begegnen.
(Wie ich schon sagte Lila tut gut!) Er erzählt vom Stellenwert, den sein Hund in seinem jetzigen Leben einnimmt; von seinen Drogenproblemen erzählt er uns, von seinem zukünftigen Leben, das er neu gestalten wolle. Er sorgt für sein Tier und Sämi sorgt für ihn. Eine Symbiose.
Und wir vier, meine Freundin in violett, der junge Mann mit den Pearcings (übrigens: auch in der Nase), der jetzt gänzlich „Faschtewaje-begeisterte" Sämi und ich in schlichtem Beige; wir sehen nicht, wie geschäftige Leute mit Fasnachtsplaketten an den Revers an uns vorbei hasten, wir sehen nicht, wie viele Personen mit Mappen und Taschen und Laptops uns emsig umrunden, wir nehmen nicht wahr, dass uns die Menschen erstaunt betrachten, während sie einen Bogen machen müssen um uns herum...

Der junge Mann erfährt nun von mir, dass meine Freundin hier in Basel auftrete.
Das ist das Stichwort für eine weitere Steigerung bei dieser Begegnung mit Stil! Meine Zürcher Freundin erklärt dem Mann sehr bestimmt, in welchem Basler Theater sie spiele, und dass ab heute ein Billet für ihn reserviert sei an der Abendkasse; spendiert natürlich. Sie meint es absolut ernst und sie unterstreicht die Wahrhaftigkeit ihres Vorhabens durch heftiges Kopfnicken. Ihr violetter Hut hält ihrem Temperament aber stand, er sitzt. Gott sei Dank. Und sie schreibt ihren Namen auf einen Zettel, den sie aus den Urtiefen des Täschchens gefischt hat.

Wir streicheln Sämi nochmals liebevoll über seinen getigerten Nacken, sammeln unsere sieben Sachen ein; zuvor steckt meine Freundin das Bild von Sugar Baby wieder in ihre Geldbörse. Sie tauscht es um in eine Note, steckt diese dem jungen Mann ins plakettenlose Revers mit dem Tipp, Sämi ein wenig zu verwöhnen, wenn er selber dann ins Theater komme.

Ob der junge Mann die Vorstellung besucht hat? Wer weiss... das Ticket wurde jedenfalls abgeholt.
Ich werde Yvonne, diesen Engel in Lila, fragen.

Faschtewäje, diese Spezialität aus Basel, ist dort in der Fasnachtszeit erhältlich.
Fasnachtsplaketten sind eine Art Brosche mit Prägung, welche jeder Basler, jede Baslerin in der Fasnachtszeit am Mantel trägt; Ehrensache!

Tag der offenen Tür

Wer kennt sie nicht, diese „offenen Türen", durch die alle Interessierten, Neugierigen und alle bis anhin nicht Eingeweihten endlich Zugang erhalten zu irgendeinem Objekt des Interesses? Zumeist sind es neue Geschäftsräume, öffentliche oder private Gebäude oder Firmen; von Tankstellen über Schul- oder Pfarrhäusern bis hin zu beispielsweise neuen Wohnhäusern, welche sich so der Öffentlichkeit präsentieren. Als angenehme Nebenerscheinung wird den zumeist zahlreich erscheinenden Bewunderern eine kulinarische kleine Freude geboten, in Form von Bier, Bratwürsten oder zumindest Apéro–Häppchen. Derart freundlich geladen, wagen Gross und Klein den Schritt durch die offene Tür; Volksfeststimmung inklusive!

Auch in unserem Dorf rückte ein solcher Event in greifbare Nähe!
Ein stattliches Gebäude, einstmals Dorfrestaurant mit Kegelbahn und Tanzsaal, hatte einige Jahre lang leer und verlassen vor sich hin gemodert. Das Wirtshausschild verlieh dem grossen Haus noch eine gewisse, allerdings leicht angerostete Würde. Schliesslich war es ja ein Engel, der da oben thronte.
Eines schönen Tages wurde der Engel abmontiert und man konnte im Dorfladen vernehmen, dass sich ein junger, innovativer Architekt der verwahrlosten Gebäude erbarmt habe und sich ihrer annehme. Während der folgenden Monate konnte die wachsame Bevölkerung emsige Bautätigkeit beobachten; im Wirtshaus zum Engel sollten Wohnungen entstehen! Die Zeit verging, man gewöhnte sich an die Baustelle; aber eines Abends waren die Fenster der ehemaligen Kegelbahn heimelig beleuchtet! Ein paar Topfpflanzen

zeigten sich hinter den staubigen Fensterscheiben. Im alten „Engel" schien wieder jemand zu wohnen!
Irgendeinmal im April war an der strahlend frisch renovierten Fassade des „Wirtshaus zum Engel" das verheissungsvolle Schild: „Tag der offenen Tür" angebracht worden. Beim Vorbeifahren ist es mir aufgefallen; ich konnte gerade noch wahrnehmen, dass es am Samstag soweit sei, und dass man bis zwölf Uhr Mittags kommen dürfe.
Wie das so geht bei den Überbeschäftigten; Im Nu wurde es Samstag, schon kurz vor Mittag! Höchste Zeit für den Tag der offenen Tür! Mein Mann war der Meinung, dass wir ohne weiteres noch eintreten können, so lange die Tür noch offen sei. Es war ein regnerischer, trüber Tag. Unter den Kastanienbäumen neben dem Haus waren einige Wagen parkiert. Vor der geschlossenen, aber nicht verschlossenen Tür lehnte ein einsamer Regenschirm. Wir erklommen zuerst die Treppe, um die Wohnungen in den oberen Geschossen zu betrachten. Keine Menschenseele begegnete uns. Darüber wunderten wir uns sehr. Wir konnten uns nicht vorstellen, dass die bestimmt sehr neugierige Dorfbevölkerung so exakt punkt zwölf Uhr bereits restlos vom Anwesen verschwunden sein sollte. Bei solchen Anlässen im Dorf kennen sich ja die meisten und sitzen bei den Bratwürsten und dem Bier noch ein wenig zusammen.
„Vielleicht sind ja alle unten, in der Privatwohnung des Bauherrn bei einem Bierchen", meinte ich hoffnungsvoll. Und mein gespanntes Interesse auf die Ex-Kegelbahn wuchs! Wir hatten es fantastisch gefunden, dass wir uns allein in den oberen Wohnungen umschauen konnten, ohne Gedränge und leidige Kommentare. Alle Wohnungen hatten wir uns ausgiebig, bis in jeden Winkel, angesehen und wir beneideten die zukünftigen Bewohner um die grosse Badewanne.

Dann begaben wir uns in die bereits vom Architekten bewohnte Parterre-Wohnung. Dort sassen tatsächlich noch ein paar wenige, scheinbar übrig gebliebene Besucher an einem Tisch, welche uns bei unserem unbekümmerten Eintritt aufmerksam musterten. Wir kannten niemanden. Spätestens hier hätte ich merken sollen, dass etwas nicht stimmte, weil wir nämlich keine uns bekannten Gesichter antrafen. Bemerkenswert fand ich allerdings, dass die ehemalige Wirtsstube ihren Charakter irgendwie noch beibehalten hat, was ich meinem Mann auch lauthals mitteilte. Beobachtet von den Personen am Tisch gingen wir nun in die Küche, etwa ein, zwei Stufen erhöht. Dort trennten wir uns. Mein Mann nahm eine Abzweigung nach links, Richtung Wohnraum. Mir stellte sich inzwischen eine freundliche Dame in den Weg. Sie sei die Mutter von Herrn B., dem Bauherren, der hier wohne. Ob sie uns helfen könne? „Sehr erfreut", sprach ich. „Petitjean. Wir kommen gut selbst zurecht, danke." Entschuldigend erklärte mir die nette Dame, ihr Sohn habe leider keine Zeit, denn er sei gerade an einer Besprechung, da nebenan. „Das macht gar nichts", versicherte ich ihr. „Wir können uns gut allein umsehen." Ich blieb aber stehen und schaute nun, ob die Leute am Tisch etwa Häppchen oder Bierchen vor sich hätten? Vielleicht ist es meinem ziemlich gut entwickelten EQ zu verdanken, dass ich mich zusehends etwas fehl am Platz fühlte.

Von der offenen Küche aus hatte ich aber eine gute Rundsicht. Ich konnte bis tief in die einstige „Kegelbahn" hinein sehen. Und was ich zu sehen bekam, gefiel mir.

Inzwischen pirschte mein Mann, dessen EQ eventuell etwas weniger dominant war, unverzagt Richtung Schlafzimmer. „Der Engel liegt hier drin auf dem Bett!", verkündete er fröhlich von der Türe aus. Dann zog er sich wieder zurück. Ein kaum wahrnehmbarer Anflug eines Gedankens

nahm von mir Besitz: „Warum hängt dieser Engel, das Wahrzeichen des Hauses, noch nicht an seinem Platz an der renovierten Fassade, am Tag der offenen Tür??"
Während des Aufenthalts meines Gatten im Schlafgemach stellte sich mir ein netter Herr vor, diesmal der Vater des Architekten. Auch er bot mir seine Hilfe an. Seine Präsenz hielt mich nun vollends davon ab, doch noch tiefer in den Wohnraum einzudringen. Heute reut mich dies, denn später wagte ich mich nie mehr in dieses Haus hinein. Irgendwie störte es mich, dass die „verbliebenen" Besucher, welche Sitzplätze hatten, so still wurden, uns offensichtlich belauschten und aufdringlich zu mir herüber in die Küche starrten.
Dem Elternpaar des Bauherrn stellte ich meinen aus dem Schlafzimmer zurückgekehrten Mann vor, und endlich verabschiedeten wir uns laut und fröhlich, mit unseren Komplimenten an ihren Sohn.

Wie meistens riss uns der bewegte Alltag bald wieder mit, und wir dachten nicht mehr an das Haus zum Engel. Am Freitag in der darauf folgenden Woche traf ich meine Freundin Dorli. Begeistert erzählte sie mir, dass sie morgen „den Engel" anschauen wolle. Ob ich sie begleiten möchte, es sei nämlich Tag der offenen Tür!
Ich lachte sie aus und sagte, leider sei sie zu spät dran. Dieser Tag sei längst vorbei! „Schade, gäll!"
Dorli ist Fachfrau für Gedächtnistraining. Und überhaupt ist sie sehr fit, geistig rege. Sie war bombensicher, dass morgen „Tag der offenen Tür" sein wird. Basta. Mir hingegen wurde bald abwechselnd heiss und kalt, denn es stimmte: Wir latschten tatsächlich eine Woche zu früh durch das ganze Haus zum Engel. Und die Besucher dort waren private Gäste... und die verunsicherten Eltern B. versuchten

stets vergeblich, uns aufzuhalten, als wir uns beharrlich und neugierig umsahen ... und der in neuem Glanz erstrahlende Engel lag inzwischen auch nicht mehr im Schlafzimmer aufgebahrt; sondern er hing, am entsprechenden Samstag, für alle gut sichtbar, tatsächlich an seinem alten Platz, rechts oberhalb der offenen Tür!

EQ (Emotionaler Quotient), wohltuende Ergänzung zum
IQ (Intelligenz Quotient)

Das rosarote Ticket

Seit Jahren organisieren liebe Freunde im Kanton Aargau für uns einen Operettenabend.
In ihrem Städtchen wurden die Aufführungen, die jedes zweite Jahr stattfinden, zur festen Tradition. Es wurde sogar ein Gemeindesaal zum technisch und gestalterisch perfekt ausgerüsteten Theatersaal umfunktioniert, derart erfolgreich werden die etwa dreissig Vorstellungen besucht. Laienchöre und Laiendarsteller arbeiten zusammen mit professionell ausgebildeten Sängern, Musikern, Bühnenbauern, Regisseuren usw. Die traditionell inszenierten Operetten erfreuen Publikum aus allen Gegenden der Schweiz.

Aus verschiedenen Kantonen kommend, treffen wir uns also alle zwei Jahre bei unseren gemeinsamen Aargauer Operettenfreunden. Immer werden wir zuerst aufs Herzlichste bewirtet. Genüsslich schwelgend sind wir bald in angeregte Gespräche vertieft, denn schliesslich sehen wir uns jeweils bloss dank diesem Anlass. Die Vielfalt unserer Schweizer Dialekte kommt mit jedem Glas Wein etwas lauter zur Geltung.

Nach dem neutralen Thema „Wetter" teilen sich die Geschlechter thematisch in zwei Lager. Die Herren tadeln das havarierte Wirtschaftswunder und die Damen wenden sich der Garderobe zu, welche sich bei ihnen (eben den Damen) doch von Treffen zu Treffen sichtlich etwas verändert; angepasst an die neuere Mode, oder noch eher an die neuere Kleidergrösse.

In hehrem Appenzellerdialekt stellt nun eine der Frauen fest, dass es die Männer in ihren ewigen „Schalen",

Hemden und Krawatten eigentlich viel unkomplizierter hätten. Ihr Seraphin zum Beispiel, der müsse nie überlegen, was er anziehen soll. Er habe bloss einen Anzug und der passe ihm seit Jahren.

Nach dem Dessert überreicht der Hausherr den Gästen die Tickets, welche er für uns alle organisiert hatte. Sie sind, wie all die Jahre zuvor, rosarot, mit Sponsoren- Werbung auf der Rückseite.
Dass wir dann eher hastig aufbrechen müssen, heraus aus der gemütlichen Tafelrunde – hinein in die kalten Autos, hat auch Tradition! Letztes mal nämlich, da mussten wir halsbrecherisch rasch, noch vor dem Nachtisch wegrasen, da der Organisator auf den rosa Tickets plötzlich bemerkt hatte, dass die Vorstellung an den Samstagen jeweils schon um Sieben und nicht erst um Acht Uhr anfange.
Damals waren wir ganz unelegant schnaufend in den bereits verdunkelten Saal eingedrungen und hatten, unter Orchesterklängen, sämtliche Zuschauer um uns herum genervt. Aber das war vor zwei Jahren.
Dieses Jahr sind wir früh genug vor Ort. Beginn neunzehn Uhr.

Schon im Foyer umweht uns ein Hauch Wiener Eleganz. Das werte Publikum ist fast ausnahmslos festlich bekleidet. Das stimmt uns auf die kommende „Nacht in Venedig" ein! Und das alles im Kanton Aargau!
In freudiger Erwartung und angesteckt von all der Feierlichkeit erklimmt unsere ansehnliche Gruppe die Empore. Junge Leute weisen uns die Sitzreihen an. Sie sehen wohl nur noch rosarot, jedenfalls sind sie bei der Billetkontrolle nicht kleinlich und lassen uns als Gruppe passieren.
Bald entsteht ein stehender Stau. Ich sehe, wie unsere

Appenzellerfreunde ratlos auf ihre rosa Tickets starren, sie vergleichen und immer wieder den Kopf schütteln. Dann empört sich unser Freund lauthals, dass da schon andere Leute auf seinen eigenen, reservierten Plätzen sässen! Diese aber lassen sich nicht beirren, sondern bleiben „standhaft sitzen". Sie zeigen Seraphin ihre Billette und beweisen ihm die Übereinstimmung der Nummern mit ihren Sitzen. Seraphin hält ihnen seine eigenen rosaroten Tickets unter die Nase und kann nun seinerseits beweisen, dass die aufgedruckten Platznummern identisch sind und darum sehr wohl ihm und seiner Frau gehören!

Der sich ankündigende Tumult wird sehr interessiert vom bereits zahlreich anwesenden Publikum zur Kenntnis genommen. Während der ganzen Debatte stehen wir Nachdrängenden peinlich exponiert schräg in den Reihen. Endlich greift unser Organisator ein und befiehlt, wir sollen „abhocken", wo wir gerade sind. Alles, was jetzt noch frei sei in dieser Reihe, sei für unsere Gruppe reserviert. Basta. Recht hat er! Auch Seraphin samt Ehefrau tauchen erleichtert ab, einige Plätze neben „den ihren" und schon beginnt die Ouvertüre.

In der Pause erzählt uns meine Appenzeller Freundin noch ein wenig von den sonderbaren Tickets. Sie habe beim Erklimmen der Empore nämlich behauptet, er habe sie. Und er habe behauptet, sie habe sie. Oben hätte er sie, schon ganz erhitzt vom Debattieren, dann wirklich gehabt. In der Jackentasche! Und sie habe triumphierend zu ihm gesagt: "gsiesch!!"

Dummerweise seien es dann aber die alten gewesen, die vom Zigeunerbaron; zwei Jahre zuvor aufgeführt – wie erwähnt auch in rosa. Sie beide seien in den vergangenen beiden Jahren eben nicht mehr so fein „gschalet" ausgegangen, darum sehen sie noch so frisch aus. Die Billette, versteht sich.

Ja – und wo sind wohl die nigelnagelneuen diesjährigen rosa Tickets, die mit der richtigen Platznummer, geblieben?

Das erfahren wir ganz am Ende, nach der Vorstellung. Sie finden sich schlussendlich in der Manteltasche von Seraphins Gattin wieder, und dieser war ja die ganze Zeit wohl aufbewahrt gewesen in der Garderobe. „Gsiesch!!"

II Andere geflügelte Wesen

Bloss zwei alte Hühner...
Eine nachösterliche Geschichte

In der Vorosterzeit steigt der Bedarf an Eiern ganz enorm an. Über eine TV Sendung musste ich kürzlich erfahren, dass nach dem österlichen Eieransturm an die zehntausend überzählig gewordene Hühner getötet werden müssen; frei nach dem Motto: "Das Huhn hat seine Schuldigkeit getan. Das Huhn kann gehen."
Tja. Ostern ist kein leichtes Thema – und für die Hühner kommt der Karfreitag eben erst danach ...

Aber, da erinnere ich mich an eine Hühnergeschichte aus unserem Dorf, die tierisch, menschlich und ethisch erfreulich ist:
Eine meiner älteren Bekannten rief mich an, weil sie mir unbedingt etwas erzählen wollte.
Sie war Bäuerin, ihr Leben lang. Nun aber sind sie und ihr Mann alt geworden. Die Ställe haben sich so nach und nach geleert, die Felder und Wiesen wurden verpachtet und im viel zu gross gewordenen Bauernhaus bewohnen die beiden nur noch das Erdgeschoss.
Katzen gibt es noch, zwei, drei Kaninchen, ein paar Hühner und einen Hahn; ein Zwerghahn zwar, aber ein nicht minder würdiger, stolzer. Sein „Hühnerhofharem" besteht aus drei Zwerghühnchen und zwei älteren Legehennen in Normalgrösse. Oft habe ich beobachten können, wie der Kleine seine fünf unterschiedlichen Hennen allesamt ständig im Auge behielt.

Eines Tages aber legten die Legehennen dummerweise nicht mehr. Und wie das so der Brauch war und ist im bäuerlichen Nutzbetrieb, werden solche Hennen ersetzt durch junge, legefreudige. Für was hält der Mensch schliesslich Geflügel?!

Der Bauer tat also, was er schon immer getan hatte; er liess die beiden alten Hühner am Abend nicht mehr in ihren Hühnerstall ein, sondern er sonderte sie ab und sperrte sie bis zum Morgen in die Scheune; sozusagen in die Todeszelle. Am anderen Tag gedachte er sie zu köpfen, rasch und schmerzlos, wie wohl hundertfach erprobt. Seine Frau wusste, dass bei solch zäh gewordenem Federvieh höchstens die Schenkelchen noch als „Suppenhuhn" Verwendung finden können.

Bei Tagesanbruch öffnete die Frau, wie immer, die Hühnerstalltüre um das Güggeli und seine nunmehr drei Zwerghühnchen heraus ins Freie zu lassen. Da stolzierte aber gar niemand heraus! Und immer, wenn die Frau im Laufe des Vormittags nachschaute, ob die Tiere inzwischen in den Hof gekommen seien, musste sie feststellen dass diese im finsteren Hühnerstall hocken geblieben waren.

So gegen Mittag erst wollte der Bauer die alten Hühner zurichten – oder hinrichten – oder einfach richten. Vielleicht musste er sich sogar etwas überwinden. Im Alter, wo das Fleisch zäher, die Seele jedoch weicher wird, könnten einen am Ende noch komische Gefühle überkommen. Jedenfalls wollten seine Hände nicht mehr so recht wie früher, schliesslich kommt man auch etwas aus der Routine.

Er musste seine Frau zu Hilfe rufen und sie bitten, den Hühnern den Kopf fest zu halten, währenddem er mit dem Beil… eben usw.

Standhaft weigerte sich seine Frau, dies zu tun. Wegen dieser alten Schenkel. Und überhaupt. Und arm würden sie auch nicht, wenn er diesen alten Hühnern noch das Gastrecht in seinem Hühnerhof gewähren würde, bis zu deren natürlichem Tod. Diese paar Körner! Andere

Leute hielten sich sogar Papageien oder Wellensittiche!
Und siehe da! Der Ehemann trug die alten, unwirtschaftlich gewordenen Hühner eigenhändig zurück in den Hühnerhof. „Was soll man sich da auf Diskussionen einlassen, wegen der zähen Schenkel, mit unseren dritten Zähnen, jawoll.", soll er gebrummt haben.
Gerührt und mit stockender Stimme erzählte mir die alte Frau am Telefon, was danach geschehen sei.
Kaum seien die beiden alten Hennen gackernd im Hühnerhof eingeflattert, sei auch schon der kleine Hahn, seine drei Zwerghühnlein im Schlepp, buchstäblich aus dem Stall gerannt. Er habe die beiden alten Hühner umtänzelt, er habe sie umschwärmt und sei ihnen nicht mehr von der Seite gewichen. Immer und immer wieder habe er ihnen „hofiert". Der kleine Gockel bezeugte seine Freude tatsächlich unter Einsatz all seiner Möglichkeiten! Und nicht nur das: Er hat Gefühle gezeigt. Er hatte den Stall den ganzen Vormittag nicht verlassen; er konnte also auch seiner Trauer Ausdruck verleihen. Ganz offensichtlich hatte er seine alten Hühner vermisst!
Die Frau traute sich kaum, diese wunderschöne Geschichte weiter zu erzählen.
„Man denkt, ich sei senil oder blöd; denn wenige Menschen können oder wollen sich damit abfinden, dass auch Tiere, ja sogar einfältige Hühner, Beziehungen und Gefühle haben. Schliesslich sind wir doch alle Fleischesser. Wo käme man denn hin?", so sprach sie.

„Nur zwei alte Hühner" – so gegen das einfühlsame „happy end" hin beginne ich sie, angesichts unserer kalt gewordenen „Gesetze der Renditenzwänge", beinahe zu beneiden ...!
Gucke ich nämlich über den Hühnerhof hinaus, beispiels-

weise in die geschäftige Wirtschaftswelt, kann ich mehrere „alte, ausgediente Hühner", aber auch „Gockel", erblicken, jedoch oft ohne „happy end". Weil dort für sentimentale Gefühle kein Platz vorgesehen ist.

Man verschone uns vor „Hühnerhof – Ethik"… wo käme man denn hin?!

Gartenspötter und Einbeinlein.
Rund ums Futterhäuschen

Es war im kalten, schneereichen Winter, Anfang 2005. An meinem Futterhäuschen tummelten sich täglich mehr Vögel, auch seltene, welche ich hier in unserem Garten bisher noch nie zu sehen bekam.
Jeden Morgen frühstückte ich am Tisch vor dem grossen Fenster, so dass ich dem Treiben der vielen kleinen Wintergäste gut zuschauen konnte.
Einen Dauerplatz auf dem Tisch erhielt fortan mein altes Silva-Buch; ein Nachschlagwerk über die Sing- und Brutvögel Europas.
Die hellroten Beeren des Schneeball-Buschs leuchteten fantastisch im blendend weissen Schnee. Eines Morgens traute ich meinen Augen nicht! Das Gesträuch war dicht besiedelt von vielen wunderbaren, fast exotisch anmutenden, grossen Vögeln. Mein Silva-Buch hat mir verraten, dass es sich um Seidenschwänze handeln musste. Die sind wohl auf Futtersuche in unsere Gegend eingeflogen. Ursprünglich stammen sie aus nördlicheren Gegenden, wie ich später aus den Medien erfahren hatte. Sie hatten den Busch rasch leer gefuttert und mit dem letzten roten Beerchen verschwanden auch die prächtigen Seidenschwänze wieder aus unserem Garten. Ihr Blitzbesuch erschien mir beinahe wie ein Traum.
An einem anderen dieser kalten Wintertage ist mir eine kleine Blaumeise aufgefallen, mit einem eigenartig abgewinkelten, verkrüppelten Beinchen. „Einbeinlein", wie ich den tapferen Winzling nannte, flog immer wieder an die fetten, runden Futterknödel. Mit dem gesunden Füsschen klammerte er sich ans Netz und mit den Flügeln flatternd versuchte er, sein Gleichgewicht zu halten. Das gelang ihm recht gut; jedenfalls so lange er sich allein am Knödel

gütlich tun konnte. Schwärmten jedoch seine Artgenossen herbei, waren sie sehr grob zu dem geschwächten Kleinen und durch Schnabelhiebe wurde er verjagt. Besorgt beobachtete ich das Vögelchen, welches fortan zu meinen Dauergästen zählte. Es schien jeweils versteckt im Geäst der Tanne zu warten, bis sich die streitende Meisenschar, nach ausgiebigem Picken und Futtern, satt gefressen hatte und sich davon machte. Das war „Einbeinleins" grosse Chance. Tapfer klammerte es sich immer wieder an den Futterknödel, um nun emsig etwas Sonnenblumenkerne zu ergattern. Nachbars Katze hockte genüsslich im Wintersonnenschein und behielt, gleich mir, den Vogelfutterplatz aufmerksam im Blick.

Bald einmal ist mir ein Vogelpärchen aufgefallen, welches immer gemeinsam am Futterbrett erschien. Die beiden waren unzertrennlich und sie erschienen tatsächlich immer beide zugleich. Laut Silva - Buch und anderen Quellen müsste es sich um „Gartenspötter" handeln! Die hatte ich bisher noch nie beobachten können, sind sie doch sehr selten und nur des harten Winters wegen aus nördlicheren Gefilden in unsere, vergleichsweise milde, Region eingeflogen.

„Hoffentlich kennen sich diese Vögel mit Katzen und deren Gefrässigkeit aus", sorgte ich mich, denn das tapfere Einbeinlein und das treue Gartenspötter-Pärchen wurden mir lieb und vertraut. Mit der Vertrautheit wuchs meine Besorgnis um die kleinen gefiederten Wintergäste.

Meine morgendlichen Séancen am Fenster zogen sich, so oft wie möglich, ziemlich in die Länge. Im Hintergrund warf das Radio abwechselnd Musik und Informationen in den Raum. Ich schnappte, ganz nebenbei, einiges davon auf. Die Welt scheint ja manchmal richtig aus den Fugen geraten zu sein. Attentate, Katastrophen, Hunger, Vandalismus, Krieg und Elend; Abzocker, Börsen rauf und Jobs runter. Menschen siegen und verlieren. Und sie leiden. Und immer so weiter.

Würden alle diese Nachrichten unser wahrhaftiges Empfinden tatsächlich erreichen, wären wir, der Schrecklichkeit dieser Botschaften entsprechend, immerfort aufgewühlt und trostlos. Wären wir tatsächlich betroffen – oder zumindest getroffen, wir könnten bloss noch heulen. Es muss wohl irgendwelche Schutzmechanismen geben, die uns alle davor bewahren, aus tiefstem Mitgefühl in stete Trauer und seelische Abgründe zu versinken. Wir hören täglich diese schlimmen Dinge und überstehen sie, aus einer notwendigen Distanz heraus. All dem Geschehen in der Welt wären wir emotional gänzlich ausgeliefert, würden wir zu viel Nähe und Vertrautheit zulassen.

Nun aber konnte ich, an einem dieser Wintermorgen, bloss noch einen Gartenspötter am Futterhäuschen entdecken. Ich wartete lange. Er blieb allein. Auch das tapfere „Einbeinlein" tauchte einfach nicht wieder auf. Am Mittag auch nicht. Und nie mehr. Und als ich im Schnee, unter dem Tannenbaum, einem kleinen Häufchen Federchen und Flaum begegnete, blieb ich erschrocken stehen.

Betroffen weinte ich endlich.

„Chuchichänschterlis" letzter Flug

Es ist ein ziemlich grauer Märzentag, an welchem dem vierstöckigen Wohnblock der Garaus gemacht wird. Schon sind seine bergenden Aussenwände weggerissen und was bis jetzt den Blicken verborgen geblieben, ist nun schutzlos aller Neugier preisgegeben.
Eine bullige, starke Maschine lässt einen langen, krakenähnlichen Arm ausfahren. Daran ist ein immenser Einreisshaken befestigt. Dieser schwingt sich – wie von Geisterhand gesteuert – stets aufs Neue seinem Opfer entgegen, um sich daran irgendwo festzukrallen. Man sieht keine Menschenseele auf der Bau- oder eher der Abbaustelle.
Ich bleibe stehen und betrachte das Wohnhaus, oder was davon noch übrig geblieben ist. Derart aufgerissen erinnert mich sein Anblick an ein gigantisches Puppenhaus, dessen Räume ja auch nur aus drei Seitenwänden bestehen. An den gekachelten Mauern kann ich gut erkennen, wo sich die Küchen oder die Badezimmer befunden haben. Die Fussböden sind alle bereits weggerissen und die unterschiedlich gemusterten Zimmerwände stapeln sich grenzenlos über gähnender Leere.
In der „Küche" des dritten Stockwerks steht wacker und standhaft ein schmutzigweisser Küchenschrank. Gerade so breit, wie es seinem Bedarf entspricht, ist ein Restchen Küchenboden an der Mauer hängen geblieben. Und darauf thront er nun. Behäbig, und irgendwie trotzig, hängt er wie ein Schwalbennest über dem Abgrund; um ihn herum herrscht das Tohuwabohu.
Sein dem sich nahenden, todsicheren Ende trotzender Anblick fasziniert und rührt mich. Wie lange hält er durch? Ich bleibe und schaue.
Irgendwer hat ihn hier stehen gelassen, damit er gemeinsam

mit dem Haus untergehe. Irgendwer hat ihn – wohl gegen Ende der Vierzigerjahre – einmal diese Treppen hoch geschleppt. Und dann hat er hier stabil und unverwüstlich seinen Dienst erfüllt – fernab aller Hightechküchen. Ich kenne diesen Prototypen aller „Chuchichänschterli" ganz genau. In den Küchen meiner Kindheitserinnerungen standen solche Schränke; in beinahe sämtlichen Küchen meiner kleinen Freunde und deren Grossmütter!
Und nun stehe ich also hier, fasziniert von so einem schlichten Möbelstück in seiner wahrhaft unmöglichen Situation. Soeben hat der Reisshaken, unter Getöse und viel Staub, ein Stück Dachbalken herunter gerissen. Die dadurch ausgelöste Druckwelle muss bewirkt haben, dass „meinem Chänschterli" die beiden oberen Türchen aufgeflogen sind.
…als hätte es entsetzt seine Augen aufgerissen!
„So, reiss dich zusammen! Einen Küchenschrank zu personifizieren! Wo sind wir denn?", tadle ich mich selbst.
Aber, es ist nicht das Schränkchen an sich, welches mich in eine sentimentale Stimmung versetzt. Es sind die damit verbundenen Erinnerungen und Gefühle.
Erinnern Sie sich auch an diese crèmig-weiss gestrichenen, behäbig massiven Küchenschränke Ihrer Mütter? Oben rechts Milchglastüre, darunter türenloser Raum für Brotkasten, getupfte Milchhafen oder ähnliches, daneben oben links eine längliche, senkrechte Türe. Im unteren Corpus zwei Schubladen und ein Doppeltürchen. „Wisagloriamöbel" könnte ich es nennen; weil mir bei seinem Anblick zeitgleich die Erinnerung an die stabile Behaglichkeit der bauchigen Kinderwagen oder der hölzernen Dreiradvelos geweckt wird. Sehen Sie das auch vor sich…?
Ein erneutes Krachen schreckt mich aus meinen Träumereien auf. Aus dem Dachboden fliegen – nebst Balken und Ziegeln – auch Lumpen, Eimer und anderes Gerümpel

herunter. Alles stürzt an meinem wackeren Schränkchen vorbei! Die Staubwolke ist gewaltig, und doch wagt sich jetzt ein menschliches Wesen näher heran. In gelber Schutzkleidung hält es einen Feuerwehrschlauch in den Händen und versucht, mit dem Wasserstrahl den Staub einzudämmen. Der Küchenschrank scheint sich Schutz suchend an die Rückwand zu ducken. Mit seinen weit aufgerissenen Obertüren glotzt er zu mir herunter.

Jetzt spitzt sich die Situation zu: Der Reisshaken gerät gefährlich nahe an den Schrank heran. Im nächsten Augenblick geht es wie ein Aufschrei durch die inzwischen auf mehrere Leute angewachsene Zuschauermenge: Das Schränkchen schwankt ein wenig – und nun reisst es auch die unteren Türchen auf, als müsse es die Tragik seiner Geschichte in die Welt hinaus schreien!

Aber noch steht es da. Die Schubladen sind geschlossen, doch sämtliche Türchen hängen nun, wie Flügel, weit aufgerissen in ihren Angeln. Deswegen kann man in seinem Bauch nun eine blutrote Teigschüssel erkennen, ein kleiner Farbtupfer im staubiggrauen Chaos. Es ist schon ein seltsam berührendes Erlebnis, diesen letzten Akt eines braven „Chuchichänschterlis" in einem sterbenden Haus mitzuverfolgen.

Wie gebannt bleibe ich an der Abbruchstelle stehen und recht mitgenommen starre ich zum tapferen Kästchen herauf, bis es endlich, getroffen von einigen Schuttteilen, mit seinen weit geöffneten Türflügeln in die Tiefe segelt, wo es in der Staubwolke verschwindet.

Es ist ziemlich spät geworden. Ich muss gehen. Schliesslich war es ja bloss ein „Chuchichänschterli".

Der Winter, der keiner war

Nun ist er gegangen, der Winter, der keiner war.
Kaum jemand hat gemerkt, dass seine Zeit,
Die er nicht genutzt hat, schon abgelaufen war.
Eigentlich warten sie alle noch auf ihn.
Nun aber ist er weg.

Ein Schlitten lehnt nutzlos an der Hausmauer.
Nicht mehr lange,
Und der Frühlingswind bläst ihn um.

Nun ist er da, der Frühling, der keiner ist.
Niemand hat ihn bemerkt.
Denn eigentlich warten sie noch immer.

Der Frühling zerrinnt unbemerkt,
Ungenutzt in beinahe ununterbrochenem Regen.
Immerhin unterbrochen
Von heftigen Winden.

Bald wird er kommen,
Der Sommer, der vielleicht einer sein wird.
Denn voriges Jahr war es keiner.
Sommerferien im Regen.
Kaum benutzte Gartenbäder.
Selten genutzte Gärten.
Aber, das war im letzten Jahr.

Der Herbst wird bestimmt kommen.
Der Herbst, der einer war.
Der Herbst, der einer ist.
Der Herbst, der einer sein wird.

Der Herbst, der scheinbar immer ist.
Ihn nimmt man wahr, mit seinen Regengüssen.
Ihn spürt man, mit seinen heftigen Winden.
Mit seinen Stürmen.
Wie im Winter.
Wie im Frühling.
Wie im Sommer.
Ist es eigentlich immer Herbst?

Herbst; die Zeit der Ernte.
Was ernten wir?
Wir ernten, was wir gesät haben.

Was haben wir gesät...?
Schau die Ernte an,
Sie ist das Ergebnis der Saat:
Klimaveränderung.
Ozonloch.
Treibhauseffekt.
Umweltschäden.
Erderwärmung.
Und und und...

Und unsere Kinder!
Herbstkinder.
Kinder ohne Winter?
Kinder ohne Frühling?
Kinder ohne Sommer?
Kinder!

Sie klettern auf den Schlitten.
Sie trotzen dem Regen.
Sie spielen mit dem Wind.
Sie freuen sich auf einen nächsten Winter.
Und einen neuen Sommer.
Sie hoffen.
Sie wissen.
Sie tanzen im Frühlingsregen.
Jetzt.
Und unter dem Schlitten blüht es.

Rollenspiel auf Rädern ...
Kleine Inspiration aus der Businessklasse

Die Räder rollen.
Die Räder des Eilzugs rollen.
Wir rollen. Eilig rollen wir im Zug der Zeit.
Von Basel nach Zürich rollen wir.
Wir, die Businessleute und ich, wir rollen.
In der Businessklasse rollen wir.
Mit Handys am Ohr rollen wir.
Mit dem Laptop auf den Knien rollen wir.
Allzeit bereit - damit die Dinge uns nicht überrollen sollen.
Rollend spielen wir mit.
Spielend rollen wir.
Wir spielen unsere Rollen.
Im Eilzug greifen wir ein, in die Rollen der andern.
Im Eilzugtempo greifen wir ein.
Rollend packen wir die Rollen an, welche wir zu spielen haben.
Wir regeln die Dinge rollend.
Rollend vernetzt, lassen wir die Rubel rollen.
Und die Dollars. Und die Euros. Und die Franken rollen.
Damit sie nicht wegrollen.
Darum regeln wir es rollend.
Auf den Knien den Laptop, am Ohr das Handy
Lassen wir uns davon rollen.
Wir spielen unsere Rollen.
Sonst werden wir überrollt.
Und draussen rollt die Landschaft an uns vorbei.
Unbeachtet.
Denn der Zug rollt in Zürich ein...

ÜBRIGENS:

*„Wir alle rollen.
Unser Leben rollt.
Und sieh dir andre an, es ist in allen.
Und doch ist einer, welcher dieses Rollen
Unendlich sanft in seinen Händen hält..."

*(frei nach Rilke..)

III Angèle

Hanfkissele

Unsere Grossmama Angèle stammt aus Polen und unser Sohn experimentierte einst mit Hanf in unserem Garten. Das eine hat mit dem anderen eigentlich weder viel zu tun, noch stört es sich.

Bis sich Grossmama an ihre Wurzeln erinnerte und in ihrem Heimatland zur Bäderkur fuhr, war unser Leben relativ normal verlaufen.

Dann, in der Bäderkur, hat sich Grossmama verliebt, verliebt in einen um 10 Jahre jüngeren Mann; er zählte demnach etwa 71 Jahre. Franicek stammte tatsächlich aus der Gegend Südpolens, wo Grossmama zwischen den Kriegen geboren und bis zum 2.Weltkrieg zu Hause war. Genau genommen wohnte er sogar im direkten Nachbardorf ihres Geburtsortes! Die beiden vergassen Rheuma und Hüftleiden, und sie fühlten sich jung in den auf wunderbare Weise auferstandenen Zeiten ihrer Erinnerungen. Er kannte viele Leute, welche sie auch gekannt hatte, und sie hätten wohl Gesprächsstoff gefunden bis an das Ende ihrer Tage. Aber, zuerst kam das Ende ihrer Bäderkur.

Wieder daheim folgten erst viele Telefonate und später mehrere Carreisen Grossmamas nach Polen. Sie blieb manchmal mehrere Wochen am Ort ihrer Kindheit – und ihrer zweiten Jugend.

Und dann, als sie wieder einmal mit prächtigem polnischem Geflügel, Fisch, und was die Landwirtschaft dort sonst noch so her gab, schwer beladen in der Schweiz eintraf, eröffnete sie uns, dass sie in ihrer alten Heimat, aus der sie einst durch den Krieg und dann durch Heirat (!) vertrieben wurde, ein Häuschen zu kaufen gedenke.

Sie tat es. Wir haben sie dort besucht. Es ist ein kleines Holzhaus und es steht auf dem Grundstück des Anwesens ihres Freundes. Unter dem gleichen Dach wie er zu wohnen – sozusagen in wilder Ehe – schickt sich nämlich nicht. Der gestrenge Pfarrherr habe bereits sehr ernst mit Franicek gesprochen, er solle diese Frau heiraten oder er verliere sein Seelenheil. Grossmama Angèle will, trotz mehrerer Anträge, nicht mehr heiraten, was ihr nicht zu verdenken ist. Lieber kauft sie, anstandshalber versteht sich, das kleine Haus.

Was sein Seelenheil betrifft, wird der arme Franicek übrigens noch ganz andere Qualen zu erdulden haben.

Grossmama Angèle holt auf. Alles, was sie als Landfrau in Polen gelebt und gearbeitet hätte, wäre sie nicht verschleppt worden, holt sie mit einer ungeheuren Energie nach. Sie lässt das Grundstück umpflügen, pflanzt Gemüse und Beeren in sämtlichen auffindbaren Sorten, kauft sehr fruchtbare Enten (aus einem Entenpaar seien in einem Sommer über zwanzig Entenküken hervorgegangen), Truthähne, zwei Schafe mit einem Lamm und am liebsten hätte sie auch ein Schwein gemästet. Dieser Wunsch ist jedoch an der Tatsache gescheitert, dass Grossmama alle paar Monate zurück in die Schweiz reist, weil da noch ihr heiss geliebter Schrebergarten an der französischen Grenze bepflanzt und gehegt werden muss.

Franicek hat – auch ohne Mastschwein – mehr als genug zu tun; vor allem, wenn er allein zu all dem Getier und der Pflanzung schauen soll. Dabei wähnte er sich bereits im Ruhestand.

Franicek nennt vier grosse Treibhäuser sein eigen. Zur Zeit des eisernen Vorhangs bestand ein enormes Bedürfnis nach landeseigenen Blumen, und das Geschäft lief prächtig. Nach der Öffnung des Ostblocks beschenkte man sich offenbar lieber mit ausländischen Blumen und kapitalistischem Tand und die Treibhäuser trieben so vor sich hin - bis Grossmama

eintraf. Sie witterte unermüdlich Geschäfte und Möglichkeiten, und bald erröteten Tomaten und wucherten Kürbisstauden im besterhaltenen Treibhaus. Das genügte der alten Dame jedoch nicht.
Wieder einmal besuchte sie die Schweiz und damit auch uns, ihre Kinder und Kindeskinder.
Sie bestaunte ihren gross gewachsenen Enkel, befand, dass er viel zu dünn sei und sprach:
„Remigele."
„Ja, Grossmama?"
„Remigele, du hast doch so ne Seemle fir so ne hibsche Pflanzle. Gibst du mir welche, nur so ein paar?"
„Du meinst – Hanfsamen, Grossmama?", fragte unser Sohn, leider ganz ungeniert.
„Ja, so ne Hanfseemle. Ich will ein paar mitnehmen nach Polen."
„Aber, Grossmama, du willst doch nicht etwa anfangen zu kiffen, in deinem Alter?!", fragte „Remigele", nun doch leicht aus der Fassung gebracht.
„Nein Kind, doch nicht zum Kiffen; aber so ne Hanfkissele fillen zum Schlafen. Die wirden vielleicht noch gut gehen in Polen."
Wir versuchten, Grossmama zu warnen, wegen des Grenzübertritts, wegen der Verbote, diese Rauschpflanze zu kultivieren, wegen dem Betäubungsmittelgesetz, aber sie „winscht" sich zu Weihnachten von ihrem Enkel ausschliesslich Hanfsamen, richtige, nicht die aus dem Vogelfutter. Ihr Wunsch war ihm Befehl.
„Wer wird schon eine alte Frau nach so etwas absuchen? Niemand!", so lautete ihre Devise. Und wahrscheinlich hatte sie sogar recht.
Grossmama war wieder in Polen. Begeistert tönte ihre Stimme am Telefon, als sie uns erzählte, wie prächtig die

Pflanzle, in Reih und Glied in fette Treibhauserde gesteckt, gedeihen. Unser Sohn schaute seine Kümmerlinge an und wurde ganz neidisch. Grossmama gab Dünge- und Pflegetips über den Äther an ihren Enkel weiter.
Etwas später erhielten wir Fotos per Post. Man sah Grossmama wie ein Zwerglein in einem verwunschenen Wald stehen und lachen.

Ich erschrak, denn dieser Wald bestand aus den gewaltigsten Hanfbäumen, welche ich je zu sehen bekam. Ein weiteres Bild zeigte das Treibhaus von aussen. Durch fehlende Glasdachscheiben wucherte das üppige Grün schamlos in den blauen polnischen Himmel hinauf. Ihr Enkel stöhnte bei diesem Anblick. Seit damals hab ich ihn nie mehr pflanzen gesehen, nicht einmal Hanf. Gott sei Dank.
Grossmama erzählte mir viel später so nach und nach, was aus dem „Segen" geworden war.
Zuerst habe sie glücklich, aus alten Tischtüchern, ein paar Hanfsäcklein genäht.
Sie habe Franicek beschworen, dass man damit ruhig und tief schlafen werde, dass diese Säcklein gesund seien und dass sie das Geschäft des Jahres werden würden für ihn.
Misstrauisch habe Franicek so ein Säcklein mit ins Bett genommen, nur um am anderen Tag jammernd und mit brummendem Schädel zu klagen, er habe sehr schlecht geschlafen und das Zeug stinke. Grossmama war überzeugt, dass es bloss das ewig schlechte Gewissen gewesen sei, welches Franicek Kopfweh gemacht habe, und die Not um sein gefährdetes Seelenheil. Zudem seien Männer einfach verweichlicht. Sie selber habe prächtig geschlafen und besitze, dank der aetherischen Dämpfe des Hanfsäcklein, noch mehr Energie als je zuvor! Sie sei zum Glück eben auch nicht so empfindlich und zimperlich wegen des Geruchs.

Später habe wohl jemand Franicek angesprochen wegen der streng verbotenen Bepflanzung, welche sichtbar aus der Treibhausenge ragte. Franicek bekam es mit der Angst zu tun. „Das Zeug muss weg. Wir können keine Kissele auf den Markt bringen, sonst landen wir beide im Gefängnis!", so habe er mit seiner unvernünftigen Freundin geschimpft. Und da sie zehn Jahre älter ist als er, habe er noch hinzu gefügt: „Alter schitzt vor Torheit nicht!"
Und dann hätten die beiden emsig Staude um Staude umgehauen. Sie hätten gearbeitet im Schweisse ihres Angesichts. Bis zum Abend seien sie beide recht lustig und fidel geworden, aber dann hätte Franicek wieder um sein Seelenheil gebetet und um ihre Hand angehalten, und er hätte natürlich zwischendurch Panik gehabt, irgend ein neidischer Dorfbewohner könnte ihn verpetzen.
Tagelang, oder eher nächtelang, habe Franicek in seiner Kellerheizung Cannabis verbrannt, immer wieder ein paar Stauden, und die ganze Umgebung habe so ganz süsslich gerochen. Franicek habe fast Blut geschwitzt. Zudem war es Hochsommer, mindestens 30°C im Durchschnitt.
Schlussendlich war alles vernichtet, alles sei gut gegangen und niemand habe die beiden Alten verraten.
Wahrscheinlich war sowieso das ganze Dorf bekifft, wie ich vermute...
Das war das einzige und letzte Mal, dass Grossmama Cannabis gepflanzt hat, trotz enormem Erfolg.

Nachtrag I: Während Grossmamas Abwesenheit bewässerten wir hie und da ihren vereinsamten Schrebergarten an der französischen Grenze. Und was sahen wir da? Eine Hanfstaude räkelte sich wohlig hinter dem Gartenhäuschen!
Nach ihrer Rückkehr erzählte Grossmama, dass sie dieser Pflanze, welche von ganz allein gewachsen sei, gleich als

erstes den Garaus gemacht habe....

Nachtrag II: Diese Geschichte habe ich so, wie sie bis dahin geschrieben steht, Grossmama vorgelesen. Sie ist inzwischen über 85 Jahre alt geworden und reist mehrmals jährlich in ihre alte Heimat zum Pflanzen, Gärtnern, Ernten usw. Auch den Schrebergarten an der französischen Grenze bebaut sie immer noch.
Grossmama sprach:
„Ruthle. Du schreibst gut. Du musst alles aufschreiben. Es stimmt ja auch alles, bis auf den Schluss...
Nämlich, wir haben noch ein, zwei Säckle auf dem Estrich. In meinem Häuschen. Ich hatte etwas davon gut ausgebreitet dort oben, wo es ja scheen heiss war, und dann haben wir es scheen getrocknet aufbewahrt...."

Hinweis:
In den 90iger Jahren wurde, in einigen Kantonen der Schweiz, recht sorglos mit dem Betäubungsmittelgesetz umgegangen.

Der Fisch im Koffer

Grossmama Angèle hat es verstanden, ein ganzes verschlafenes Dorf aufzuwecken. Wo sie in Erscheinung trat, verbreitete sie eine derart starke Unruhe und Aktivität, dass der schlimmste Faulpelz davon angesteckt wurde wie von einer Grippewelle.
Sie wohnt nämlich mehrmals pro Jahr in ihrer alten Heimat, einem kleinen Dorf in Südpolen. Dort hat sie eine späte Liebe gefunden; zudem, weil die Gegend dort sehr katholisch ist, hat sie sich im Alter von über 80 Jahren ein eigenes kleines Sommerhaus angeschafft. Der Pfarrer hatte ihrem Freund nämlich die Hölle heiss gemacht, da er ohne Trauschein mit seiner Freundin unter einem Dach schlafe. Deswegen hat sie anstandshalber das Häuschen gekauft. Es steht im Garten ihres Freundes... Lebenserfahrung und Lebensjahre schützen nicht vor dem gestrengen Auge des Herrn (Pfarrers) und dieser schaut kritisch zu jedem seiner Schafe, sei es noch so alt und zäh.
Ganz genau hat Grossmama die Umgebung ausgekundschaftet. Ihr Lebenspartner Franicek hat sie mit seinem alten Trabi kreuz und quer durch die Landschaft chauffiert und Grossmama atmete tief die Luft ihrer alten Heimat und sah Erde, welche nicht mehr bebaut wurde, und Gewässer, welche nicht mehr genutzt wurden. Eine Art von Resignation schien die Dorfbevölkerung ergriffen zu haben. Nach dem Ende des kommunistischen Regimes, als die Unterstützungen an die Landwirtschaft in den ohnehin armen Landgemeinden noch mehr eingeschränkt worden waren und parallel dazu die Arbeitslosigkeit weiter zunahm, wanderten viele Leute in die Städte ab, um dort ihr Glück zu versuchen. Die Dorfgemeinschaften verfielen in eine Art Dornröschenschlaf und sie wirkten, bei aller Romantik,

doch in erster Linie mehr und mehr rückständig und vernachlässigt.
Mitten durch Franiceks brachliegende, abfallende Wiesen fliesst ein Bach. Manchmal, bei Tauwetter, wird aus dem Bach ein recht reissendes Gewässer, welches Steine und Geröll aus den Bergen mitbringt. So hat er sich im Laufe der Zeit eine richtige kleine Schlucht geschaffen. In jungen Jahren hatte Franicek dort eine Fischreuse errichtet und sich eine eigene kleine Forellenzucht im so gestauten Bach gehalten. Das hätte er Grossmama vielleicht lieber nicht erzählen sollen. Nun wollte sie diese sinnvolle Nutzung des Gewässers unbedingt und unter allen Umständen wieder auferstehen lassen.
Bald ist es ihr gelungen, Franicek und seinen stets angeheiterten Schwiegersohn davon zu überzeugen, mit dem auf dem Hof herumliegenden Holz und den vielen Brettern die Reuse wieder einzurichten. Eine emsige Bautätigkeit begann, und unter den misstrauischen Blicken der Dorfbewohner schleppte der Trabi Fuhre um Fuhre mit Latten und Brettern und Dachpappe zur kleinen Schlucht hoch. Grossmama liess sich zur nächsten kommerziellen Forellenzucht fahren, und dort erhandelte sie an die hundert Forellenbabys. In Wannen und Kannen schaukelten sie die Nachzucht mit dem Trabi heim in den Bach. Die Reuse funktionierte; Franicek und Grossmama und der Schwiegersohn freuten sich riesig und am Bachufer feierten sie die Ankunft der Fischlein mit ein paar Schlückchen wärmendem Wodka. Grossmama konnte getrost abreisen, um in ihrem Zuhause in der Schweiz wieder einmal nach dem Rechten zu sehen. Die Fische fühlten sich anscheinend wohl im fliessenden Gewässer und Franicek schaute täglich nach ihnen. Und füttern musste er sie auch.
Bei Grossmamas nächstem Polenaufenthalt hatten die

Forellen das Schlachtalter erreicht. Das hatten scheinbar auch einige Dorfbuben herausgefunden, welche mit Angeln bewaffnet zur kleinen Schlucht hoch stiegen. Sogar der Herr Pfarrer hatte bei seinen erbaulichen Spaziergängen das Wachstum der Fischlein beobachten können, wie er Franicek leutselig mitteilte. Franicek hat sich an den Zehnten erinnert, und er hat diesen Tribut froh geleistet in der Hoffnung, Hochwürden beobachte weiterhin lieber die Forellen im Bach als seinen sündigen Haushalt.

Die Forellen seien qualitativ dermassen unerreichbar, wie uns Grossmama am Telefon begeistert mitteilte, dass sie uns welche mitbringen werde. Im Koffer, mit dem Car. So reist sie nämlich am liebsten, mit dem Autocar. Sie sitzt dann stets bescheiden mit ihrem kleinen Kissele an ihrem Platz, ihre Tasche, welche sie keinen Moment aus den Händen oder gar aus den Augen lässt, auf dem Schoss. Darin befinden sich jeweils, nebst ihren Wertsachen, eine Thermoskanne Tee und ein paar notwendige kulinarische Leckerbissen. Alle zwei Stunden halte der Car an, dann gehe sie bewusst ein paar Schritte hin und her, um die Zirkulation wieder anzuregen, atme ein paar mal tief durch und setze sich dann entspannt wieder an ihr Plätzchen. So lasse sich die ca. 1200 km lange Strecke gelassen bewältigen.

Nebenbei zu erwähnen wäre noch, dass wir, ihre Kinder, bloss 20 km von ihrem Schweizer Zuhause entfernt wohnen. Diese Strecke jedoch weigert sie sich, mit dem Bus zu fahren. Das sei zu kompliziert und zu umständlich. Da komme noch jemand klar mit der Logik einer vitalen alten Dame!

Wieder einmal war also Grossmama Angèle aus Polen zurückgekehrt. Am Telefon hörte ich sofort, dass sie irgendwie gedämpft wirkte. Nein, müde sei sie nicht nach dieser Reise. Es sei etwas anderes. Und dann krümelte sie hervor,

dass ihr der Koffer gestohlen worden sei. Und dass sie soeben mit der Polizei telefoniert habe.
„Was, gestohlen? In Polen?" so lautete meine erste Frage. Dabei betrachtete ich mich bis jetzt als vorurteilslose Person. So sehr kann man sich über sich selber täuschen.
„Nein. In Basel. Gleich nach der Ankunft." Grossmamas Stimme erklang jammernd aus dem Hörer. Und:
„Die scheenen Fische. Alle weg!"
Die schönen Fische. Alle weg. Ich stellte mir den Dieb vor, wie er den Koffer aufbrechen würde und wie ihn dann die toten Fische anglotzen würden. Bei aller Liebe – ich konnte mich kaum erholen vor Lachen.
„Wie hast du denn die Fische eingepackt, Grossmama, in welcher Verfassung befinden sich die wohl?"
Derartige Fragen misstrauen Grossmamas Verpackungskünsten. Dabei hat sie sich enorme Erfahrungen angeeignet im Laufe ihrer Reise- und Wanderjahre. Sie hatte schon gewaltige Mengen Lebensmittel und andere landwirtschaftliche Erzeugnisse hin und her transportiert, in jeglicher Form. Die Fische habe sie tief gefroren in viel Zeitungspapier gewickelt. Und natürlich in Plastik. Und alles in ihrer Wäsche isoliert. Und sie müssten noch jetzt topfrisch sein, alle 24 Stück. „So ein Unglick! Unsere scheenen Forellen!" Einige seien geräuchert gewesen.
Am anderen Morgen erklang Grossmama Angèles Stimme recht munter am Telefon. Der Koffer sei wieder aufgefunden worden. Ihr Sohn Piotruschko könne ihn abholen auf dem Bahnhofspolizeiposten. Sie selber fühle sich zu schwach dazu.
Meinem Mann war es ziemlich peinlich. Um jeglichen eventuellen dummen Sprüchen vorzubeugen, meldete er bereits beim Eintreten an, er sei nun der, welcher den Fischkoffer abholen komme. Man könne sicher riechen, welches der richtige sei.

Dank Quellen der Polizei und von Seiten Grossmamas konnten wir uns den Verlauf der Geschichte um den verschwundenen Fischkoffer nun zusammenreimen.
So etwa geschah es:
Grossmama war wohlbehalten in Basel eingetroffen. Sie wollte sich ein Taxi rufen. Reisetasche und Handgepäck konnte sie mitnehmen zum Taxistand um die Ecke, jedoch nicht den Koffer. So bat sie also eine ihr unbekannte Mitreisende, doch einen Augenblick auf den Koffer zu achten. Sie sei sofort zurück.
Sie war dann auch bald zurück – aber sowohl von der Frau wie von ihrem Koffer war keine Spur mehr zu sehen! Da half alles Suchen und Umherspähen nichts. Die Ankunft in der Schweiz blieb leider mit einer Aufregung verbunden.
Die mitreisende Frau ihrerseits habe zuerst pflichtbewusst auf den Koffer geachtet. In der Zwischenzeit sei sie aber von ungeduldigen Angehörigen abgeholt worden. Da sie noch keine Grossmama zurückkommen sah und sie den Koffer nicht einfach auf dem Trottoir stehen lassen wollte, stellte sie diesen kurzerhand in die nächste Hotelhalle. Dort, dachte sie wohl, falls sie überhaupt dachte, werde er kaum gestohlen werden. Mangels übersinnlicher Fähigkeiten kam es Grossmama natürlich nicht in den Sinn, in Hotelhallen nachzuschauen.
In dieser Halle jedoch ist er irgendjemandem irgendeinmal aufgefallen – als unidentifizierbares Objekt. Das Hotel sei sogar beinahe evakuiert worden und eine Sprengstoffeinheit der Sonderpolizei habe das Objekt fachgerecht zu entschärfen versucht und schliesslich geöffnet. Und den Inhalt inspiziert…
Grossmama Angèle jedoch ist bis heute stolz darauf, dass die „scheenen Fische" auch mit über 24 Stunden Verspätung noch ziemlich gefroren in ihrer Wäsche lagen!

Schade für das scheene Auto

Grossmama Angèle hatte immer sparsam gelebt. Wer den Krieg am eigenen Leib erfahren hatte, wer darben musste und einteilen, bei dem kann das Sparen zur Charaktereigenschaft werden.
In ständiger Erwartung irgendwelcher Notzeiten, verursacht durch irgendwelche allzu mächtige Grössenwahnsinnige, arbeitete Grossmama all die Jahre von früh bis spät im Schrebergarten. Sie hätte die ganze Verwandtschaft durchbringen wollen, weil die Zeiten nämlich unberechenbar waren und sind. Sie aber war und ist hellwach!
Diese ständige Bereitschaft und Wachsamkeit und ihr Misstrauen den Mächtigen gegenüber sind Gründe, welche sie bis heute, da sie über 85 Jahre alt geworden ist, ganz genau die politische und wirtschaftliche Weltenbühne haben beobachten lassen. Feierlich und konzentriert sitzt Grossmama jeden Abend vor dem Fernseher, wo sie – der Technik sei's gedankt – die Nachrichtensendungen in deutscher, französischer und seit einigen Jahren auch in ihrer polnischen Muttersprache empfangen kann.
Früher, als Grossmama erst Mama war, hatte ihre ganze Familie diese ständigen Zweifel und Ängste als recht einschränkend empfunden.
Aus ihren frühen, bitteren Lebenserfahrungen heraus entwickelten sich also auch eine eifrige Sparsamkeit und der Drang, alles was noch einigermassen funktioniert, irgendwem zu verschenken, damit es der Entsorgung entgehen könne.
Meist versorgte sie Freunde und Verwandte in ihrer alten Heimat Polen mit allerlei Überfluss aus dem verschwenderischen Westen. Zur Zeit des Kommunismus waren ihre Landsleute wirklich arm an materiellen Gütern, und auf

dem Land lebten die Menschen auch später noch äusserst bescheiden. So lange Grossmama gut erhaltene Kleider, Schreibmaschinen oder Schuhe lieferte, war dieses ehrbare Vorgehen problemlos durchführbar.

Der eiserne Vorhang war gefallen, als Grossmama eines Tages ein „scheenes" Auto ins Auge fasste; jedenfalls eines, welches sie unbedingt vor dem drohenden Verschrotten bewahren musste!

Und das kam so:

Grossmama Angèle hatte eine Freundin, nur um weniges jünger als sie selbst. Diese rüstige Dame, Rosa, ist noch im Besitz sämtlicher geistiger Kräfte plus eines Führerscheins und zudem besass sie einen sehr, sehr betagten „Honda Combi". Den sollte sie wieder einmal vorführen. Dass der alte Wagen die Prüfung ohne teuren Aufwand nochmals bestehen könnte, schien ihr chancenlos. Ärger wegen Rost, Alter und anderen Schwächen wäre vorprogrammiert, und sie beschloss schweren Herzens, den Honda zu ersetzen.

Grossmama hatte dies in Erfahrung gebracht und sofort witterte sie eine Möglichkeit, wie man den Wagen retten könnte, da er bestimmt noch manchen Menschen gute Dienste erweisen würde. Was in der Schweiz kaum mehr durchführbar sei, wäre in ihrem Heimatland sehr wohl machbar! Zudem gebe es dort, im Gegensatz zu hier, noch tüchtige Handwerker, die es verstünden, eine alte Karre in ein brauchbares Fahrzeug zu verwandeln! Und erst noch billig sei das!

Da Rosa zur Entsorgung des Autos sogar noch hätte bezahlen müssen, hielt sie es bald selber für ihre Christenpflicht, ihn zu verschenken!

Eines Sommermorgens, in aller Herrgottsfrühe, machten es sich die zwei älteren Damen in ihrem älteren Auto bequem, um der aufgehenden Sonne entgegen zu fahren

– nach Polen! Rosas Lebenspartner, trotz seiner über achtzig Jahre noch vital und unternehmungslustig, erhielt den Auftrag, den zweiten, inzwischen neu erstandenen Wagen zu steuern, immer hinter den Damen her, weil Grossmama navigierte. Schliesslich kannte sie diese Strecke beinahe auswendig, da sie nebst den Beziehungen zu ihrem alten Heimatland bekanntlich auch Beziehungen zu einem sehr netten polnischen Herrn pflegte und sich mehrmals jährlich zu ihm chauffieren liess.

Grossmama war ausser für die Navigation auch für die Verpflegung zuständig. In ihrem geflochtenen Reisekorb lagerten gute belegte Brote, gebratene Pouletschenkel, selbst gebackene Streuselkuchen, Früchtekuchen, Kompott und dergleichen mehr. In den Thermoskannen blieb der Tee bis mindestens Tschechien schön warm und so konnten die Fahrer wach und bei Laune gehalten werden. Auch darin hatte Grossmama Erfahrung: „Wenn der Körper gut genährt ist, bleibt der Geist wach und die Seele hat auch nichts dagegen", lautete in etwa ihr Lebensmotto.

Am Zoll wurde Grossmama immer etwas unruhig. Beamte in Uniformen weckten Erinnerungen an die schlimmsten Zeiten ihres Lebens. Aber die Frage, ob sie etwas verzollen möchte, konnte sie mit reinem Gewissen verneinen. Das uralte Auto mochte sie gewiss nicht verzollen!

Nicht sehr weit von der tschechischen Grenze entfernt liegt das kleine Dorf, in dem Franicek, Grossmamas Freund und späte Liebe, zu Hause ist.

Als die beiden Autos mit den CH – Schildern einfuhren, hatte das gewiss einige Aufmerksamkeit erregt. Einer Königin gleich sass Grossmama vorne in dem alten Gefährt (welches schliesslich bis hierher durchgehalten hatte!) und begeistert schilderte sie ihrer Freundin die Gegend und das Dorf ihrer Jugend und die Landschaft, die natürlich viel schöner sei als alles in der Schweiz, weil es doch ihre Heimat war! Rosa hörte zu, denn selber in der Gegend umher schauen konnte sie auf keinen Fall. Sie hatte genug damit zu tun, den Wagen um die vielen Schlaglöcher herum holpern zu lassen; zwischendurch den Kühen oder den Pferdefuhrwerken auszuweichen und im Rückspiegel zu kontrollieren, ob ihr Lebenspartner den neuen Wagen wohl geschickt genug über die Naturstrasse chauffieren könne.

Franicek war überhaupt nicht darüber orientiert worden, dass seine Freundin ihn mit einem funktionstüchtigen Wagen beglücken würde. Vorerst wunderte er sich sehr darüber, dass Grossmama für diese Reise gleich zwei Personenwagen benötigt hatte! Sie hatte natürlich die Gelegenheit genutzt und beide Autos randvoll mit Geschenken und Gegenständen für die weit verzweigte Familie Franiceks bepackt, inklusive Liegestuhl, Staubsauger und Teppichen zur Einrichtung ihres eigenen kleinen Sommerhauses.

Später, als Franicek von seinem Glück erfuhr, traf ihn fast der Schlag. „Aniela! Es ist hier verboten, alte Autos einzuführen! Sie dürfen nicht mehr als zehn Jahre alt sein! Und dazu brauchen sie erst noch Bewilligungen und Papiere, und zwar vom Zoll, bevor sie hier im Land sind. Natürlich würde man solche niemals erhalten, da dieser Wagen wirklich viel zu alt ist", so versuchte er sich gegen das Geschenk zu wehren.

Der rechtschaffene Franicek war durchaus sehr entrüstet, dass er in eine solche lästerliche Versuchung geführt wurde. Grossmama und Rosa waren genau so entrüstet, dass man sich strafbar machen sollte, wenn man es nur gut meine und aus reiner Nächstenliebe gehandelt habe.

Rosas Lebenspartner hielt sich aus der Geschichte raus. Er war in diesem Fall nur der Chauffeur, und zwar einer, welcher endlich etwas ausruhen musste. Schliesslich war

er auf einer Strecke von über 1200 km ständig den Damen hinterher gefahren! Oft hatten sie sich beinahe aus den alten Augen verloren. Es war anstrengend gewesen!
Grossmamas Argumente waren ziemlich überzeugend: "Du musst einen Wagen haben, mit deinen schlotternden, schmerzenden Hüftgelenken! Dein antiker Rosthaufen Trabi macht's nämlich nicht mehr lange! Gegen ihn ist Rosas Honda direkt jugendlich! Und, wenn ich hier jeweils in den Ferien weile, brauchen wir ein Auto, damit du mich fahren kannst. Auf den Markt, zur Forellenzucht oder zum besten Imker mit dem besten Honig Südpolens, komme ich nur in einem Auto!"
Franicek liebte seine alte Freundin und wollte es auf keinen Fall mit ihr verderben. Zudem, wenn man es recht bedachte, sah man dem Auto das Alter eigentlich gar nicht an. Seine Gewissensnot muss enorm gewesen sein.
„Es ist Schmuggel", versucht er sie noch zur Einsicht zu bringen. Darauf steht Gefängnis!"
„Dummes Zeug! Ich habe nicht geschmuggelt. Ich habe geschenkt. Und ein Geschenk darf man nicht zurück weisen. Das bringt Unglück!" konterte Grossmama energisch. Sie ist nämlich abergläubisch. Da hatte Franicek nun die Wahl zwischen Unglück und einem zwar illegalen, aber doch brauchbaren Glück in Form eines alten Autos. Er wählte, wer kann es ihm verübeln? – das alte Glück.
Nun, da die Entscheidung gefallen war, wurden die Senioren aus Polen und Helvetien aktiv. Vorerst musste das Auto untertauchen. Es wurde in die Scheune geschoben und liebevoll, ganz dicht, im Heuhaufen versteckt! Das alles musste im Dunkeln geschehen, damit kein neidischer Nachbar etwa auf den Gedanken einer Autoschieberei kommen konnte.
Noch vor Tagesanbruch fuhren die drei Besucher, diesmal in einem einzigen Auto, wieder Richtung Schweiz, in der

Gewissheit, eine wirklich gute Tat vollbracht zu haben. Später haben wir Grossmama Angèle einmal nach der Fortsetzung der Geschichte befragt; z.B. auch, wo denn die abmontierten Schweizer Nummernschilder geblieben seien? Ganz unschuldig erzählte Grossmama, diese hätte sie flach im Köfferchen unter die Unterwäsche gelegt und sie daheim natürlich wieder ihrer Freundin übergeben.

Und Franicek hätte viel später, ganz legal, einen wirklichen Abbruchwagen gefunden, von welchem man Teile hätte auswechseln können und so erhielt der Honda nach und nach eine neue, ganz legale Identität. Manchmal, wenn die Zeiten schwierig sind, sei etwas Eigeninitiative eben nötig. Grossmama musste es wissen. Sie hatte einst den Krieg mit seinen wirren Gesetzen nur durch solche, ihre eigenen Gesetze, überhaupt überlebt.

Und – ist Nächstenliebe (mit ein wenig Selbstliebe) nicht fast genau so hoch zu werten wie die sture Befolgung starrer Regeln?

Übrigens: Als wir zusammen mit Grossmama einmal Polen besuchten, chauffierte uns Franicek stolz in seinem funktionstüchtigen Honda in der Gegend umher. Er hatte ihn mit Schaffellen ausgepolstert, damit seine Freundin warm und bequem sitzen konnte.

Im Hühnerhof aber lagerte der „Rosthaufen Trabi". In und unter ihm nistete sich behaglich allerlei Geflügel ein: Truten, Hühner, Enten.

Das nenne ich einen erfolgreichen Kampf gegen die Wegwerfgesellschaft!

Übrigens: Diese Geschichte ist verjährt

Erster November 1986, Allerheiligen

Grossmama Angèle zittert am ganzen Körper. Sie rennt hektisch durch die Wohnung und kurbelt sämtliche Rollläden herunter. Grosspapa Max liegt im Bett. Seine Stimme ist nicht mehr sehr kräftig, denn er ist seit längerem krank. Krebs, im vorletzten Stadium ...
Er versucht mit eindringlicher Stimme, seine Frau zu beruhigen. Die Sirenen heulen; ein klagender, immer wiederkehrender auf- und abschwellender Ton. Grossmama hört nur noch diese Sirenen. Etwas anderes kann sie nicht mehr wahrnehmen. Sie reagiert wie damals. Wie damals in den schrecklichen Jahren des 2. Weltkriegs. Da konnten die Sirenen zu jeder Tages- und Nachtzeit Menschen in Angst und Schrecken versetzen. Und man hat darauf reagiert, rasch, in Panik, um sein Leben zitternd und bangend.
Grossmama möchte in den Keller flüchten. Das aber kann sie ihrem Mann nicht mehr zumuten. Er ist zu schwach, er würde bereits auf der Treppe zusammenbrechen. Grosspapa schaltet das Radio ein. Man soll Fenster und Türen dicht machen. Eine Giftgaswolke bewegt sich ... wohin bewegt sie sich?!
Grossmama heult laut. Und immer wieder die Sirenen.
Im Badezimmer kauert Grossmama schlotternd am Boden, zwischen Lavabo und Badewanne. Nun wimmert sie nur noch. Grosspapa tastet sich zu ihr. Die Wände im langen Korridor geben ihm Halt. Er lässt sich neben ihr auf den Boden sinken. Er umarmt seine zitternde Frau und drückt sie an sich. Er will sie schützen. Er ist gross und sie ist ganz klein. Er war stark damals. Damals, nach dem Krieg haben sie sich kennen gelernt, der grosse, starke Schweizer und die kleine, hübsche Polin. In einem französischen Dorf an der Loire war das. Der Krieg mit seinen eigenen diffusen

Spielregeln hat die beiden dort zusammengeführt. Und zusammen haben sie das Leben nochmals neu gewagt.

Irgendeinmal, endlich, hört es wieder auf, das Sirenengeheul. Es ist ganz still geworden. Gedämpft kann man die Radiostimme aus dem Schlafzimmer hören, und Grossmamas atemlos hektisch, in ihrer Muttersprache hervorgestossenen Gebete.
Grossmama zieht sich hoch. Und sie hilft ihrem Max wieder auf die Beine, begleitet ihn zurück in sein Bett.
Der Sprecher am Radio erzählt von der Chemiekatastrophe, dem grossen Feuer auf dem Sandozareal, dem giftigen Löschwasser, welches in den Rhein abfliesse, der Giftwolke, welche vom Wind nach irgendwo weiter getragen wird.
Grossmama kocht heissen Tee. Etwas Warmes tut dem Menschen an Leib und Seele gut. „Du musst trinken, Max, das ist gesund. Du musst ..."

Du heisst ja auch Engel, sprach der Engel

Kaum war Aniela in diese kalte Welt hinein geboren worden, im Februar 1918, war er auch schon da, der Todesengel.
Flüsternd sprach er zu dem Neugeborenen: „Du heisst ja auch „Engel"; denn Aniela haben dich deine Leute genannt. Komm mit, kleiner Engel. Du musst hier nicht bleiben. Eigentlich hast du deine Aufgabe bereits erfüllt und kannst wieder mit mir zurückkehren."
Die kleine Aniela wurde krebsrot, so sehr hat sie sich angestrengt, und mit all ihrer Kraft hat sie sich am Nahrungsquell ihrer Mutter festgesaugt. In gierigen Schlucken zog sie die Leben spendende Milch in sich hinein. Alle waren erstaunt, dass der winzige, kümmerliche Säugling so gierig trinken konnte.
„Sie wird bald sterben", das hatten sie alle prophezeit. „So ein mageres Dingelchen. Ihr Zwillingsbruder aber, der ist gross und stark. Hoho, der wird ein kräftiger Junge werden!"
„Komm, kleine Aniela, kleines Engelchen. Komm wieder heim", lockte der Todesengel. „Komm jetzt!"
„Ich will leben, hier!" schrie Aniela, die kleine Seele. Denn bereits hat sie sich am Virus der sinnlich-materiellen Lebenslust infiziert. „Nimm einen anderen mit. Ich will leben! Nimm einen anderen!"
„Wie du willst. Aber es wird nicht leicht werden für dich", sprach der Todesengel.
Am anderen Tag wunderten sich alle, dass der kräftige, kleine Junge keine Lebenskraft mehr besass und bald starb.

Es wurde nicht leicht für Aniela. Kaum entwöhnt, war ihre Mutter gestorben. Früh musste sie mithelfen bei vielen

Arbeiten in und ums Haus. Aber da war Grossmutter, und da wo sie wohnten, gab es eine ganze Menge Natur mit all ihren Herrlichkeiten. Aniela war recht zufrieden mit ihrem Schicksal. Sie hütete die Kühe und suchte in Wald und Flur nach Ess- und Geniessbarem.

Sie war etwa sieben Jahre alt, als sie eines Tages hungrig von der Schule zurückkehrte. Wie immer hüpfte und rannte sie barfuss die lange Strecke vom Dorf, über all die Wald- und Wiesenweglein, bis hinauf zum abgelegenen Häuschen der Grossmutter.

„Pilze!", jubelte die Kleine, beim Eintreten ins Stübchen. „Pilze hat Grossmutter mir eingelegt, wie lieb von ihr!"

Sie hatte den Todesengel wohl nicht bemerkt, der leicht verborgen hinter der Zimmertür wartete. Gierig schlang Aniela die in Milch eingelegten Pilze in sich hinein, wie schon oft zuvor.

Diesmal aber waren es Fliegenpilze, welche Grossmutter eingelegt hatte, damit die lästigen Insekten davon naschen sollten, um dann zu sterben.

Drei Tage lang sass der Todesengel an Anielas Seite. Drei Tage lang lag sie im Koma. Ihr Körper wand sich unter kolikartigen Krämpfen. Der Pfarrer brachte die letzte Ölung hinauf zur Hütte.

„So ein langer Kampf", sprachen die Leute zueinander. „ Das kleine, zähe Mädchen – so lange! Dabei hätte diese Menge Fliegenpilze einen Erwachsenen sogar umbringen können."

„Gib auf", sprach der Todesengel. „Du musst dich nicht fürchten. Du kennst mich ja schon. Erinnerst du dich, kleiner Engel? Komm, deine Zeit ist nun wirklich abgelaufen. Dein Bruder, deine Mutter – sie erwarten dich. Komm jetzt!"

„Ich will nicht", schrie Aniela. „Ich bleibe hier! Geh weg! Ich liebe die Erde! Ich liebe alles hier auf der Erde. Alles.

Nimm einen anderen mit!"

„Bist du sicher?", sprach der Todesengel. „Ich denke nicht, dass du alles lieben wirst, hier auf der Erde. Aber weil du es so sehr möchtest, lass ich dich noch etwas hier, kleine Aniela. Sei stark. Denn es wird nicht einfach werden für dich."

Wie eine Explosion war es, als sich der Körper des Kindes der Gifte entledigte. Alle um sie herum erschraken. „Ein Wunder! Das Kind überlebt!"

Der mit seinem Vater in Frankreich lebende, geliebte grosse Bruder jedoch, der überlebte seinen Motorradunfall dann nicht. Aber, das war etwas später.

Zuerst war es wie immer, und das Kind fühlte sich leicht und unbeschwert.

Nach dem Bruder, starb bald auch die Grossmutter. Dann kam der Krieg. Es folgte die schwere, schreckliche Zeit der Zwangsarbeit in Deutschland, weit weg von der geliebten Erde der polnischen Heimat.

Dort musste Aniela schuften wie ein geschundenes Tier, von früh bis spät.

Eines Morgens hustete sie Blut. Sie hatte Fieber. Sie musste trotzdem immer weiter arbeiten, bis der Körper dann eines Tages einfach liegen blieb; tuberkulös und schwach und ganz abgezehrt.

„Hab ich dich nicht gewarnt?", flüsterte der Todesengel. „Es wird nicht einfach werden, sagte ich. Du darfst nun kommen, kleiner Engel. Längst hast du dein Dasein auf der Welt erfüllt. Du hast schon viel mehr erfüllt, als für dich einst vorgesehen war. Komm jetzt!"

Keinen Moment zögerte Aniela mit der Antwort: „Nein. Bitte lass mich hier. Ich kann jetzt nicht weg. Gerade jetzt nicht. Es ist die Liebe, weißt du. Die Liebe. Bitte, schenk mir noch etwas Zeit."

„Aniela. Diese Liebe verlangt ein grosses Opfer von dir. Einfach darum, weil du jetzt eigentlich mitkommen müsstest. Du wirst dir diese geschenkte Zeitspanne sehr, sehr teuer erkaufen müssen. Es wird die allerschwierigste Aufgabe auf dich zukommen, welche Menschen auferlegt werden kann. Kleiner Engel, ich weiss, was geschehen wird. Die Vorsehung möchte dich jetzt heim nehmen. Sonst, Aniela, wird es unsagbar schwer werden für dich."
Aniela aber gehorchte dem Todesengel nicht. „Nimm jemand anderen!", bettelte sie mit letzter Kraft. „Aber lass mich noch etwas leben. Ich bin doch noch so jung!"
„Es ist Krieg, Aniela. Da gibt es viele andere. Zu viele", sprach der Todesengel. Und dann ging er weg.
In Frankreich ist Anielas Vater gestorben. Sie hatte ihn später, nach dem Krieg, einfach nicht mehr auffinden können. Keine Spur mehr von ihm.
Aber das war später. Zuerst einmal hatte sich Aniela nach ihrer, unter diesen widrigen Umständen wundersamen Genesung, sehr verliebt.
Sie wurde schwanger. Der junge Mann war Kriegsgefangener, ein Franzose. Angèle nannte er sie. Und Angèle musste aktiv werden, um dem Vater ihres Kindes und sich selber auch die Flucht zu ermöglichen.
Das gelang ihnen nicht, leider. Der junge Mann kam ins Konzentrationslager. Aniela hat ihre kleine Tochter in eine unsichere, zerstörte Welt hinein geboren. Sie waren ganz allein. Und dann – das Kleine war erst drei Monate alt – sperrte man Aniela ins Gefängnis. Die Strafe wegen Beihilfe zur Flucht musste sie absitzen. Das Kind kam derweilen in ein deutsches Kinderheim.

Dann kam der Tag, der himmeltraurigste aller Tage, an dem Aniela nach dem Todesengel schrie. Sie flehte ihn an, doch jetzt zu kommen. Sie lag auf der Pritsche in der Zelle und hielt bloss diese formelle, lieblose kurze Mitteilung in der Hand: „Leider müssen wir ihnen mitteilen …. Lungenentzündung … Rechnung des Kindersarges …. Grab Nummer ….."

„Warum?! Warum meine Kleine?! Warum nicht ich?! Ich will nicht mehr. Ich kann nicht mehr. Mein Kind! Ich will zu meinem Kind! Jetzt!"

Aber der Engel des Todes kam nicht zu ihr. Er holte die Zellenmitbewohnerin, die junge russische Fallschirmspringerin, die sich am Gitter erhängt hatte. An jenem dunkelsten aller Tage.

Es wurde nicht leichter für Aniela.

Da war der brutale Leuteschinder, der Aniela das Auge kaputt schlug, weil sie sich etwas vorlaut über das Kriegsende gefreut hatte.

Da war die erfolglose Suche nach dem Vater des toten Kindes, aber auch die nach dem eigenen Vater.

Und dann, eine neue Beziehung. Eine neue Liebe. Ein Schweizer in Frankreich! Eine neue Schwangerschaft. Und wieder wurde sie Angèle genannt.

Es folgten Jahre der Verdrängung, der versuchten Verarbeitung, der Neuorientierung; immer weit weg von der Heimat. Ihr Schweizer Ehemann hiess Max. „Der Grösste" bedeutet der Name Max. Dann kam, in Frankreich, ihr erster Sohn, Pierre, zur Welt. „Der Fels", bedeutet der Name Pierre. Später wurde, in der Schweiz, der zweite Sohn; nochmals ein Max, geboren.

So hat Angèle mit ihren beiden „Grössten" und mit dem „Fels" zusammen gewohnt und sie kostete das Familienleben aus. Sie pflanzte und bebaute ihren Garten und suchte Frieden und Freude in der Natur.

Bis dann eines Tages etwas Bedrohliches wuchs in ihrem Bauch. Eine bösartige Sache, die heraus operiert werden musste.

„Erinnerst du dich an mich?", sprach der Todesengel zu Aniela, als sie in der Narkose lag.

„Du warst wirklich stark, Engelchen. Du hast dem Leben nun schon so viele Jahre abgerungen, schwierige Jahre, aber auch gute Jahre. Jetzt, finde ich, ist es genug. Die Gelegenheit kommt so bald nicht wieder, Aniela. Also, komm jetzt mit mir!"

„Was denkst du denn?", jammerte Aniela. „Meine Buben brauchen mich doch noch. Ich lasse sie niemals allein. Niemals. Warum holst du nicht jemand anderen? Geh!"

„Hier im Spital gibt es viele andere, Aniela. Dann aber komme ich so rasch nicht wieder!"

Als sie wieder operiert werden musste, an den alten Narben des zerschlagenen Auges, da sprach sie der Todesengel gar nicht erst an. Er ging bloss vorbei und lächelte.

Angèle wurde immer erdverbundener. Sie arbeitete von früh bis spät im Garten und in der Küche. Nahrung beschaffen und zubereiten wurde zu ihrem Lebensinhalt. Sie lebte im Einklang mit der Natur und hatte die Ärzte und Mediziner bald gänzlich aus ihrem Dasein verbannt. „Wer weiss, vielleicht stecken die mit dem Todesengel ja unter einer Decke…", sagte sie sich.

Längst waren „der Fels" und der jüngere „Grösste" ausgezogen.

Angèle wurde Grossmutter.

Sie wurde Witwe.

Sie begann zu reisen. Immer wieder in ihr Heimatland und zurück, in die Schweiz und immer hin und her. Sie hatte sich ein Häuschen angeschafft in Polen, ein Stückchen Heimaterde. Viele erfüllte Jahre lang durfte sie voller Lebensfreude, gesund und mit viel Energie ihre Tage nutzen und geniessen. Sie liebte das Leben!

In Nürnberg war es, als sich der Todesengel wohl wieder an sein widerspenstiges Engelchen erinnerte.
In Nürnberg war es, im April 2006, als sich das Auto mehrmals überschlug. Aniela hat geschrieen, jetzt werde sie sterben! Aber, das hat eher zornig geklungen und überhaupt nicht einsichtig, sodass sich der Todesengel nicht sicher war, ob sie es ernst meine.
„Seit vielen Jahren besuchte ich dich immer wieder", sprach er zu ihr. „Und viele Lebensjahre wurden dir auferlegt – aber auch geschenkt; nenn es wie du willst.
Bist du nun bereit, Aniela?"
„Nur noch dies eine mal musst du mich hier lassen, bitte. Ich will doch mein Heimatland noch einmal sehen. Mein Häuschen. Meinen Garten. Dann aber gehorche ich dir."
„Es wird aber sehr schwer werden für dich. Du weißt, dass ich recht habe!"
Kurz danach, in ihrer Heimat, ging es dem Engelchen sehr, sehr schlecht. Sie sah den Todesengel ganz genau in der Ecke stehen. Sie drehte ihm den Rücken zu und brummte: „In der Schweiz, weißt du, da möchte ich nochmals probieren, ob es mit mir nicht doch wieder besser kommt. Ich will wieder auf meine Beine kommen. Und das gelingt mir sicher in der Schweiz. Bitte, bitte, lass mich das nochmals probieren. Nachher mach, was du willst. Aber, gib mir noch diese eine Chance!"
Vielleicht wurde der Todesengel nun einfach ungeduldig. Jedenfalls verliess er Aniela wieder, und diese wurde in die Schweiz transportiert.

Zwischendurch, auf der Fahrt, guckte er rasch zu Aniela herein. Sie aber hat nur leise den Kopf geschüttelt und die Lippen zusammengepresst.
Ganz zerschlagen und unter grössten Schmerzen traf sie nun ein, im ersten Spital.
Der „Fels" und seine Familie wurden zweimal nachts hergerufen von den Ärzten. Ein Geistlicher brachte die letzte Ölung – vielleicht auch die vorletzte... Aniela schien sich mit jemandem zu unterhalten. Sie hielt die Augen geschlossen und atmete schwer. Dann plötzlich öffnete sie die Lider und sprach: „Ihr könnt heimgehen, Kinder. Es ist gut. Ich geh noch nicht."
Sie wünschte sich warme Milch zum Trinken. Das sei gesund. Als ihr der Becher gereicht wurde, sog sie ihn, mit Hilfe eines Trinkhalms, in drei Schlucken leer. Mit einem unbändigen Willen durchpulste die Gier nach Leben ihren geschundenen Leib.
Doch immer wieder trat der Todesengel jetzt an ihr Bett, beinahe jeden Abend. Die ganze Familie des „Grössten" kam aus dem Ausland angereist, um sich von Mama Angèle zu verabschieden.
Sie hörte nicht auf, weiter zu verhandeln mit ihrem alten Vertrauten, dem Todesengel:
„Nur so lange meine Familie im Land weilt, bitte!"
Oder: „Nur so lange, bis die Familie des Grössten im nächsten Monat wieder hierher in die Ferien kommen wird, bitte!"
Vom Todesengel wurde sie immer gewarnt, dass es sehr schwer sein würde, wenn er ihr eine Bitte um die andere gewähre; ja dass es jetzt von mal zu mal noch unbarmherziger und schmerzensreicher werden würde für sie. Das muss man ihm lassen; er hat ihr nichts verheimlicht. Aniela aber hat gedealt, immer wieder.

Es war im Juni 2006, im zweiten oder dritten Spital, als der Todesengel die kleine, zähe, tapfere Aniela endlich in den Armen hielt. Ihr Herz hatte kurz aufgehört zu schlagen. Herzkrise Nummer drei, diesmal mit Infarkt.
Neben dem Bett stand der „Fels", ihr älterer Sohn. Er hatte den Todesengel auch wahrgenommen und die Ärzte auch.
„Hör zu", keuchte Aniela. „Nur jetzt noch. Wenn mein Sohn Max, der „Grösste", wieder hierher kommt, dann bringt er mich in meine Heimat. Ich muss meine Heimat nochmals sehen. Dort will ich mein Grab aussuchen. Dort will ich sterben. Gib mir noch diese eine, letzte Chance. Lass mich noch etwas leben. Nimm doch irgendeine andere mit …!"
„Aniela. Engelchen. Ich kann es dir gewähren. Du, die du das Leben so sehr liebst, du weißt es. Du hast es vielfach erfahren. Aber diesmal, wo du schon so alt bist, sehr alt in Menschenjahren, diesmal werden diese geschenkten Monate und Jahre schrecklich sein für dich. Muss das sein? Willst du das wirklich? Wenn du mich jetzt wegschickst, dann komme ich lange nicht wieder, Aniela …"
Alle, die um ihr Bett herum hantierten im Spital, alle mussten lächeln, als Aniela ruhiger atmete und den „Fels" ansprach: „Du kannst gehen, Piotruschko. Ich habe die Krise überwunden."

Und dann begannen die Monate des Schreckens und der grossen Not für Aniela, den Engel mit den gebrochenen Flügeln. Nichts war mehr, wie es einmal war. Nichts funktionierte mehr, wie sie es gewünscht hätte. Die Unruhe trieb sie heim, nach Polen. Die Unruhe trieb sie wieder zurück.
„Wo ist meine Heimat? Wo kann ich Ruhe finden?", fragte sie wohl hundert mal.
Tränen des Schmerzes und der Einsamkeit musste sie weinen. Tränen über die Lähmung ihrer Beine und den Verlust

ihrer Selbstständigkeit. Tränen des Zorns über ihr Ausgeliefertsein.
Nun sitzt sie im Reich der Schatten und ruft unermüdlich ihren uralten Freund, den Todesengel. Aber noch ist er nicht wieder gekommen.
Es gibt ja viele andere in diesem Haus der Betagten, die er mitnehmen kann...

Nachtrag:
Zur Zeit der Veröffentlichung ihrer Geschichte wird Aniela 90 Jahre alt. Sie hat sich, Dank der guten Betreuung im Pflegeheim, so weit erholt, dass sie bereits wieder Pläne schmiedet zu einer erneuten Rollstuhlreise nach Polen ... Sie will noch leben!

IV Bengelchen im Schulzimmer

Josefs Kleid

Im Unterricht hörten die Kinder die Erzählung von Josefs Träumen und von seinem engelhaft schönen Prachtgewand. Wir haben auch darüber gesprochen, dass sich alle seine zwölf Söhne riesig gefreut hätten über ein solch wertvolles Geschenk Vater Jakobs. Jakob hat es aber nur seinem Lieblingssohn geschenkt, was logischerweise zu Eifersucht unter den anderen führte.

Die Drittklässler sassen sogar mucksmäuschenstill, um sich von der Geschichte um Josefs Kleid ja nichts entgehen zu lassen. Sie konnten sich gut in die Enttäuschung und Wut der leer ausgegangenen elf Söhne Jakobs einfühlen.
Um eine Vertiefung des Gehörten zu erlangen, überreichte ich den Kindern etwas später „blanke" Papiergewänder mit der Aufforderung, diese in ein Meisterwerk der Designerkunst zu verwandeln.
„Ihr könnt nun selber ein himmlisch schönes Kleid entwerfen, sodass alle, die so eines nicht geschenkt bekämen, ganz neidisch werden müssten", versuchte ich die Kinder für die Aufgabe zu begeistern.
Es erhob sich erst ein Kommentieren und Lamentieren, bis es dann etwas ruhiger wurde, weil die meisten Schüler und Schülerinnen eifrig zu zeichnen begannen.
Ich betrachtete die entstehenden Werke. Einige malten farbenprächtige Ornamente und Muster, so dass tatsächlich jeder Wüstensohn Jakobs vor Neid erblasst wäre. So etwa hatte ich mir das für den Hefteintrag vorgestellt.
Als ich gleich danach die Bilder anderer Kinder zu sehen bekam, dachte ich als erstes, mein heutiges pädagogisches Lernziel sei meilenweit daneben geraten. Wie konnte ich bloss vergessen, dass wir uns im „Zeitalter" der FCB-Begeis-

terung befanden – und dass das einzige Kleid, um welches „meine" Buben andere Kinder beneiden würden, ein FCB-Leibchen ist?! Jetzt aber wusste ich's.
Auf dem blauroten Hemdchen, welches mir zuerst unter die Augen kam, prangte der Name „Toyota". Meine unwissende, ziemlich hilflose Reaktion war folgende: "Was soll denn das? Glaubst du denn, der Josef sei mit einem Toyota durch die Wüste gekurvt?!" Der Knabe schaute mich verdutzt an und meinte: "Aber, das ist doch der Sponsor, wissen Sie das denn nicht?" Jetzt aber wusste ich auch das.

Ich brauchte einen Moment, um die erweiterte Sicht der Dinge zu kapieren. Ins Heft wollte ich die Kinder ursprünglich schlicht schreiben lassen: "Josefs Kleid machte seine Brüder eifersüchtig." Meine schlauen Schüler aber hatten die Geschichte spontan aktualisiert.
Sie haben das Gewand Josefs quasi entstaubt und ihm die „Farben der heutigen Zeit" verliehen. Schliesslich steht Gott weit über den Dingen, zeitlos und ewig – lange vor Josef und weit über den FCB hinaus ... Äussere Formen verändern sich, Inhalte und damit verbundene Gefühle bleiben sich gleich.
Ich guckte mir diese heutigen Gewänder genauer an. Lukas z.B. schaffte wahrhaftig den Zeitspagat mit seinem Kleid Josefs!
Er malte es in naturbraun, (weil es früher viel weniger Farben gegeben habe). Mitten auf dem Kleid hatte er gross die Zahl 15 aufgezeichnet; das sei die Nummer Murat Yakins, des Captains, wie er mir erklärte. So, und nun wusste ich auch das. Er erklärte geduldig weiter, dass er den Namen Murats einfach durch „Josef" ersetzt habe. In Prachtbuchstaben! Und an Stelle des oben genannten Auto-Sponsors schrieb er wirklich und tatsächlich: „Sichem"! Von sich

aus. Und nun sage mir jemand, die Kinder würden im Reli-Unterricht nicht aufpassen! Oder hätten Sie etwa gewusst, was „Sichem" ist? Meine sportlichen Kids aber wussten auch das!

PS: Sichem ist der Ort, welcher dem Urgrossvater Josefs, also Abraham, von Gott zugesprochen (gesponsert?) worden war. (1.Mose12,6-7)

Wendezeit

Die letzte Stunde vor den Ferien liess ich mit meiner quirligen Bubenklasse in einem Spiel ausklingen. Es heisst „Wendezeit" und geht etwa so:
Einer steht in der Mitte des Kreises und ruft:
„Alle, die (z.B.) rote Pullover anhaben: Wendezeit!"
Sofort spurten die Kinder in roten Pullovern los und wechseln rasch und wendig den Platz. Da ein Stuhl weniger da steht, als Anzahl Mitspieler, darf dasjenige, das keinen Sitzplatz erwischt, als nächstes ausrufen; beispielsweise: „Wendezeit für alle, die gerne Schokolade essen!"
Zum Gaudi der Kinder spielte ich mit, und so erwischte es auch mich bald einmal. Ich stand also mitten im Kreis der Viertklässler und rief vergnügt, in der Gewissheit, dass bestimmt sämtliche Anwesenden rennen würden: „Wendezeit für alle FCB - Fans!"
Vor einigen Monaten nämlich haben mir genau diese Kinder viel über ihren absoluten Lieblingsclub vorgeschwärmt. Manche trugen damals die blau-roten T-Shirts oder Mützen ihres Clubs. Ich, als Fussball-Greenhorn, erfuhr von den jungen Fans einiges an Insiderwissen. Sie hatten mir Namen, Herkunft und Vorzüge „ihrer" Spieler geschildert.
Nun aber blieben sie alle sitzen. Keiner wippte nur mal wenigstens mit dem Fuss... Sie glotzten mich bloss herausfordernd und gespannt an, und ich starrte irritiert zurück.
Hatten sie mich vielleicht nicht verstanden?
Ich wiederholte meine Aufforderung laut und deutlich.
„Ebe!" sagte einer. „Dorum bliibe mir jo hocke. Will mir nämlig gar nümmi Fän sind vom FCB!"
Ich traute meinen Ohren nicht.
„Seit wann? Warum jetzt plötzlich? Davon hab ich ja gar nichts mitbekommen. Was ist denn los?"

Sie zuckten alle mit den Schultern und schauten mich grinsend und etwas ungeduldig an. Ich stand verständnislos da und einer der Frühdiplomaten, der wohl Bedauern hatte mit meiner Einfalt, meinte endlich: "Villicht bin ich no'n es bitzeli Fän. Mängmol. Aber nümm so fescht."
"Sie gewinnen eben nicht mehr so viel …", sprach einer der Buben dann weise. „Eigentlich fast nie mehr."
Wieder einmal hatten mir die Kinder einen ganz klaren Spiegel unserer sehr schnelllebigen Gesellschaft vor die Augen gehalten: „Heute bist du cool – und morgen lassen wir dich eiskalt fallen." Die jungen Fans waren zu trendigen Mode-Fans geworden. Sie schienen die knallharten Spielregeln der aktuellen Siegermentalität bereits bestens zu beherrschen. Man schenkt seine Sympathie den Grössten … denen, die gerade „in" sind.
Treue – zu wem denn? Und wozu?
„Wendezeit!", rief ich nun in die Runde.
„Für alle, die sich auf die Ferien freuen – Wendezeit!"
Volltreffer! Alle rannten los; ich schnappte mir den erstbesten Stuhl und kam so endlich wieder zum Sitzen. Mitspielen mochte ich eigentlich nicht mehr. Aber dennoch blieb ich „meinem Club" noch einige Runden treu …
Vorbild sollte ja sein, zumindest im Reli-Unterricht …
Wendezeit hin oder her – oder etwa nicht?!
Nachtrag: Einige Monate später tauchten die blauroten Leibchen bereits wieder auf in der Klasse: "Wendezeit"!

Ein Virus im Schöpfungsprogramm

Wieder einmal war, gegen Ende einer Religionsstunde, eine angeregte Gesprächsrunde mit meiner Bubengruppe im Gange. Die Viertklässler diskutierten über die ihnen bekannte Schöpfungsgeschichte, inklusive Adam und Eva. Weltbewegende Fragen tauchten auf: wie und warum Gott denn eigentlich den Menschen erschaffen habe, wenn er ihn doch so gemein und kriegerisch hat werden lassen, obwohl er doch Gottes Ebenbild sei? Und warum alle anderen Lebewesen ihm, dem Menschen, trotzdem untertan seien? Gregor, unser umweltbewusster, akademisch Denkender, stellte folgende Frage:
"Wenn doch Gott den Menschen und die ganze Schöpfung geschaffen haben soll, wieso tragen denn diese Menschengeschöpfe Gottes zu der ganzen restlichen Schöpfung Gottes so gar keine Sorge? Warum lebt der Mensch rücksichtslos, als wäre er das einzig wichtige Geschöpf Gottes? Gott hätte doch verhindern sollen, dass die Krönung der Schöpfung so viel rücksichtsloser ist als der ganze Rest!"

Gregor - ein Viertklässler (!) - hat diese Frage tatsächlich schlau formuliert. „Krönung der Schöpfung" sagte er! Ich war zuerst einmal sprachlos. Es ist eine der Fragen, wie sie auch von Erwachsenen immer wieder gestellt werden und auf die es keine faktischen Antworten geben kann, bloss Nachdenken. Mich interessierte die Meinung der Schüler. So gab ich Gregors schwieriges Thema zurück an die quirlige Runde: „Also, denkt einmal selber darüber nach. Was meint ihr, warum ist es denn so gekommen, wie Gregor sagt, dass wir Menschen leider keine Sorge tragen zur Schöpfung?"
Und dann ging es erst recht los:

„Da ist Gott wohl ein Programmierfehler unterlaufen!", krähte einer der zeitgemässen kleinen Computerfans ganz übermütig.

Ein anderer doppelte blitzschnell nach: „Oder es gab einen Virus in Gottes Schöpfungsprogramm, oder sogar einen Absturz!"

Über die Vorstellung, dass wir Menschen, zusammen mit der ganzen Schöpfung, sozusagen auf einem PC Gottes programmiert worden sein könnten, kugelten sich die Buben vor Lachen. So mussten wir ja unvollkommen „heraus gekommen" sein!

Die Pausenglocke erlöste uns vor weiteren häretischen Spekulationen und die Buben rannten hinaus, in Gottes wunderbare Schöpfung.

Ich aber sass da, inmitten des Tohuwabohus von Heften und Singbüchern, und sinnierte dem Räuchlein der ausgeblasenen Kerze nach.

Ha! Diese Kinder! Sind sie nicht genial? Wir Menschen – die „Krönung" der Schöpfung – vergleichbar mit „Viren in Gottes Schöpfungsprogramm"! Ein Thema, welches sich beinahe für eine top aktuelle Inszenierung an einem modernen Theater eignen würde.

Und – was ist mit dem „Absturz"?

In der Bibel kann man nachlesen, dass bereits etwa 2000 Jahre vor dem Computerzeitalter ziemlich apokalyptisch über Abstürze berichtet wurde.

Kinder sagen uns oft verschlüsselte Wahrheiten. Deswegen finde ich es so spannend, „Reli-Lehrerin" zu sein.

Vom traurigen Kind in den lustigen Pantoffeln
Eine etwas ernste Geschichte zur fröhlichen Fasnachtszeit; über Larven, Masken und Finken – und was manchmal dahinter oder darin stecken könnte.

Der Grund, warum ich zuerst auf seine Füsse starrte, die sich da zur Schulzimmertür herein schoben, hatte mit seinen Hausschuhen zu tun. Der Hüne, der von diesen Füssen getragen wurde, war allerdings auch nicht zu übersehen.
„Ein Neuer kommt bald, Frau Petitjean", so wurde er mir durch mehrere Kinder bereits letzte Woche angekündigt: „Ein Neuer in unserer Klasse!" – Nun also war er da.

Kennen Sie diese „Riesenpfludderfinken", die aussehen wie weiche Stofftiere aus Kissen? Sie werden paarweise, oft gleich bei den Eingangstüren der Schuhläden, angeboten.
In solchen gigantischen Finken schlurfte „der Neue" herein. Es waren zwei Clowns mit roten Knollennasen, die beide breit lachten mit einem Riesenrosenmund. Das Lachen zog sich vom inneren bis zum äusseren Knöchel. Die Clowns waren schon ziemlich schmuddelig und dem einen hing die Nase schief herunter, was aber deren Fröhlichkeit nicht schmälerte.
Ich begrüsste Angelo, diesen neuen Mitschüler der Viertklässler. Er war älter als seine neuen Kameraden und überragte sie um Hauptslänge. Zudem war er sehr übergewichtig und er schwitzte stark. (Diese gepolsterten Pantoffeln sind ja auch eher für arktische Temperaturen gedacht …) Unsicher schaute er mich an. Ich wies ihm einen Platz zu, und er steuerte seine Clowns schlitternd zur angezeigten Bank und liess sie darunter erst einmal zur Ruhe kommen. Die Bank schien zu klein und zu eng für Angelo. Er hing bald krumm wie eine Banane über der Tischplatte, schaute mit traurigem Hundeblick zu mir nach vorn und harrte der Dinge, die da kommen würden.

„Welchen Platz wird er in dieser Gruppe einnehmen?", überlegte ich mir. „Wird er die Rolle des Klassenclowns übernehmen müssen, damit er seine Grösse, sein Alter, sein Gewicht, seine Finken und die Schwierigkeit „der Neue" zu sein bald irgendwie einbringen kann?"
Und wieder schaute ich unter sein Pult, wo sich die Clowns inzwischen unruhig auf und ab – hin und her bewegten. Sie grinsten zu mir hoch.

Einige Wochen lang besuchte Angelo in den spassigen Latschen nun schon meinen Religionsunterricht. Er blieb distanziert und eher unsicher. Seine Füsse lachten, doch seine Augen blickten ernst und irgendwie verloren. Diese Diskrepanz zwischen „Kopf und Fuss" irritierte mich etwas. Der Junge befand sich bereits im Stimmbruch und anfangs versuchte er durch lautes Krächzen aufzufallen, oder er probierte auf andere Weise den Unterricht zu stören, um die Aufmerksamkeit der Mitschüler zu gewinnen. Er hatte wenig Erfolg damit, so gab er es auf und wurde immer stiller. Er schien in dieser Klasse seinen Platz nicht finden zu können. Entweder die anderen ignorierten ihn, oder sie wiesen ihn gar zurück.
Bei Gruppenarbeiten bedurfte es der Vermittlung seiner Lehrer, um ihn unterzubringen. Wenn immer möglich, erledigte er seine Arbeiten lieber allein für sich. Ein einsamer Junge.

Angelo lebte irgendwo in einem Heim. Seine Eltern seien geschieden, Vater verschwunden, Mutter nerve sich nur über ihn ... oder habe halt keine Zeit. So etwa erfuhr ich es vom Klassenlehrer. Angelo selber hatte nie darüber gesprochen.
Manchmal hatte ich versucht, im resignierten Gesicht des

Jungen irgendetwas vom Witz seiner ausgefallenen Pantoffeln zu entdecken.
„Zumindest lacht er mit den Füssen", dachte ich. „Vielleicht will er damit von sich selber ablenken. Er mag nicht, dass man weiss, wer er ist."
Eines Tages fehlte Angelo. Zuerst bemerkte ich es gar nicht, aber als beim Sitzen im Kreis keine Clownfüsse anwesend waren, fiel es mir doch auf.
„Der ist krank. Er kam schon die ganze Woche nicht zur Schule", teilten mir die Kinder mit.
Angelo aber erschien nicht wieder.
„Weggezogen."
Vor den Klassenzimmern lagen die vielen Stiefel und Schuhe der Schulkinder mehr oder weniger ordentlich unter den Garderobenbänken. Ich eilte nach meinen Lektionen daran vorbei, blieb dann abrupt davor stehen und starrte hin, denn ...
... plötzlich aber wurde die Türe der vierten Klasse aufgerissen und eine wilde Schar strömte laut lärmend und lachend heraus. Alle Schüler und Schülerinnen trugen kreisrunde grosse Masken mit roten Knollennasen! Es war Fasnachtszeit, und die Kinder hatten die Masken in der Schule selber gebastelt und bemalt. Sie alle waren Clowns! Lärmend und übermütig tanzten sie um ihre Reli-Lehrerin herum. Ich konnte keines dieser Kinder erkennen – ihre echten Gesichter waren unter den fröhlichen Larven getarnt und versteckt. Ein Riesengaudi!
Nach einigen Minuten rief sie der Klassenlehrer zurück – und der Spuk war vorüber. Aber unter der Garderobenbank lachten mich, inmitten der Kinderschuhe, zwei übrig gebliebene, schmuddelig graue Clowngesichter schief an – eins hatte eine rote Nase, das andere nicht mehr.

Es gibt sie, die traurigen Clowns, Angelo. Wer kann wissen, wie es unter den vielen Larven und Masken der Fasnachtszeit in Wirklichkeit aussieht?
Du konntest dein Alltagsgesicht nicht verstecken, doch gelacht hast du zumindest mit deinen Füssen! Schliesslich tragen die dich ja durchs Leben. Schritt für Schritt.

V Engel im Advent

Das gefrässige Engelchen

Es fing schon damit an, dass meine Freundin die seidenen Engelsgewänder unbedingt blütenweiss haben wollte. Sie hatte sie deshalb liebevoll in Javelwasser eingelegt.
Sie ist Pfarrerin, meine Freundin, und sie war noch nicht lange im Dorf tätig. Ihre Ideen waren neu, unkonventionell, und ihre Energie und ihre Begeisterung, die Dinge anzugehen, waren ansteckend.
Nun ging sie also die Engelsgewänder an. Engel in vergilbten Röcken seien nicht tragbar, vor allem nicht an Weihnachten.
Im Hinblick auf Krippenspiele usw. hatte sie die Kleidchen einst in weiser Voraussicht bei einer Kostümliquidation des Stadttheaters erstanden.
Am Weihnachtsgottesdienst wollte meine Freundin ein paar Engelchen in der Kirche drapieren, weil Engel an solchen Tagen natürlich Hochsaison haben. Die passenden Kinder hatte sie von der Sonntagsschule „ausgeliehen", die passenden Flügel stellte ihr Vater her. Dieser war Arzt und sollte sich in Anatomie jeglicher Art bestens auskennen. Alles war also vorbereitet und geregelt für den Festgottesdienst mit Abendmahl.
Es war „Heiligabendmorgen". Nun schrillte bei mir zu Hause das Telefon. Meine völlig aufgelöste Freundin schluchzte mir etwas von völlig aufgelösten Gewändern ins Ohr. Mit der Zeit begriff ich, dass sich die Kleidchen im scharfen Javelwasser tatsächlich aufgelöst hätten. Meine Freundin hatte nur noch ein paar triste, dafür blütenweisse Fetzchen aus dem Wasser fischen können. Dabei bekam ich noch zu hören, sie hätte wirklich anderes zu tun in dieser anstrengenden, heiligen Zeit, als sich mit Engelsgewändern herum zu schlagen! Das konnte ich gut verstehen. Wenn ich

an all die Predigten denke, die an den Feiertagen geschrieben und gehalten werden müssen, an die Koordination der Gottesdienste, welche besprochen und geplant sein wollen mit Kirchenpflegern, Organisten, Siegristen; mit mitwirkenden Posaunen- und anderen Chören, Konfirmanden, Schulkindern usw., würde mir schon ohne Fetzenkleidchen angst und bange werden. Ich hätte gerne geholfen. Aber im Nähen war ich nie sehr begabt und pastellfarbene Nachthemden konnte ich keine auftreiben. Genau diese konnte dann aber die Mutter meiner Freundin liefern. Sie hatte sie, seit der Babydollzeit der sechziger Jahre, wohl verwahrt. Dank diesem nostalgischen Sammeltrieb schwebten nun also am Weihnachtsmorgen vier Engelchen, mit gerafften Hemdchen in Pastell und gewaltigen Flügeln, vor und neben der in Würde einer schreitenden Pfarrerin durch die voll besetzte Kirche.

Während der Predigt lagerten sie unter dem beeindruckenden Christbaum und unter der ebenso beeindruckenden Kanzel. Der kleinste pausbäckige Engel namens Stephanie schien die feierliche Stimmung, das Orgelgebrause und den vielstimmigen Chor von Herzen zu geniessen. Stephanie strahlte jedenfalls genüsslich von ihrem Podest herab, als finde der Anlass zu ihren Ehren statt. Als nun die Gemeinde zum Abendmahl geladen war und sich die Leute würdevoll in den Chor begaben, flatterte das kleine himmelblaue Engelchen Stephanie mit einer grossen Selbstverständlichkeit den Erwachsenen nach. Sie stellte sich breit (Flügel!) zwischen ihre Eltern, bis sie mich, ihre Nachbarin, erspähte. „Sali Luuth!", posaunte sie mir, lautstark als wäre sie zu Hause, zu. „Ich komme zu Diil!" Und schon kam sie herangeschwebt, quer durch den Chor und dann falteten wir ihre Riesenflügel an meine Seite. Die Leute, welche feierlich im Halbkreis standen und das Abendmahl erwarteten, lächelten milde. Die Pfarrerin lächelte auch, und als Stephanie an der Reihe war, reichte sie ihr wohlwollend auch ein Bröcklein Brot, wie den Grossen. Allerdings erntete sie dafür keine Dankbarkeit vom Engelchen, sondern einen empörten Blick. Blitzschnell grabschte die Kleine mit der freien Hand in das Körbchen und schon hatte sie eine ganze Handvoll Brotwürfelchen ergattert. Mampfend erklärte sie, sie habe noch nicht „Zmorge" gegessen, sie habe nämlich Hunger! Nun wäre ich an der Reihe gewesen, feierlich das Brot zu mir zu nehmen. Statt der notwendigen Andacht fühlte ich, wie mir die Röte ins Gesicht schoss aus lauter Anstrengung, vor Lachen nicht los zu prusten. Krampfhaft versuchte ich, an meiner Freundin vorbei zu sehen. Ihr Talar schüttelte sich verdächtig, weil auch sie bei jedem Satz, den sie sagen musste, offensichtlich gegen den Lachkrampf ankämpfte. Auch die im Chorkreis wartenden Gemeindemitglieder bebten und wogten vor zum Teil erfolglos unterdrücktem Gelächter. Nur die Eltern der Kleinen lächelten eher etwas betreten, wie ich unter Tränenblinzeln bemerkte.

Schon nahte der Kirchenpflegepräsident mit dem Kelch und mir bangte sehr, ob er diesen dem gefrässigen Engelchen auch anbieten würde. Es hatte vielleicht ja auch Durst bekommen und würde ihn bestimmt komplett leeren. Gott sei Dank, er ging mit diesem Kelch an Stephanie vorüber ... und sie schickte ihm einen gierigen Blick nach. Mir zischte sie kauend und ziemlich laut zu, sie müsse aber auch bald etwas zu trinken erhalten!

Der weihnachtliche Schlussgesang erklang wohl so fröhlich wie noch selten. Und als die Engel, die Pfarrerin tänzelnd umrundend, wieder dem Ausgangsportal entgegenschwebten, lag ein richtiges Strahlen und Frohlocken in der Luft ...!

Übrigens, als wir uns draussen verabschiedeten und klein

Stephanie „in zivil", ohne Hemd und Flügel, vor mir stand sagte sie strahlend:" Das hat mir hier sehr gut gefallen. Und wenn die von der Kirche noch einmal einen Engel brauchen, dann komme ich gerne wieder!"

Haben Engel Bauchnäbel ?

Stellen Sie sich eine Gruppe eifriger Schüler und Schülerinnen der ersten Primarklasse vor, welche sich in der Religionsstunde über Engel unterhalten.
Die Kleinen sind ganz bei der Sache. Wir befinden uns in der Adventszeit, wo die meisten Kinder in irgendeiner Form Engeln begegnen – sei es in Liedern bejubelt, am Christbaum hängend oder darunter an der Krippe wachend; auf Geschenkpapier gedruckt oder in Shoppingcentern über den Auslagen schwebend. Einige Kinder haben also ihre ganz konkreten Vorstellungen, was Engel anbelangt. Andere erzählen von der Kraft des Schutzengels, die sie schon erfahren hätten, oder von Engeln, welche man nicht sehen könne, aber spüren. Ein Kind erzählt sehr eindrücklich von winzigen Lichtfünkchen, welche es manchmal sehe. Dann denke es, Engel seien nahe bei ihm.
Kinder sind unsere besten Lehrmeister, denn sie zeigen uns auf, wie individuell und sehr persönlich wir Menschen religiöse und spirituelle Erfahrungen empfinden.
Ich erzähle den Kindern die unglaublich dramatische Geschichte von der armen Hagar, die mit ihrem Sohn Ismael vom Stammvater Abraham in die Wüste geschickt wurde, wo beide gewiss elendiglich verdurstet wären, wenn nicht – ja, wenn nun nicht ein Engel erschienen wäre und ihnen eine Wasserquelle gezeigt hätte. Dadurch sind sie am Leben geblieben.
Nun dürfen die Kinder zeichnen und malen. Die meisten zeichnen Engel, „eigene", oder den von Hagar und Ismael in der Wüste.
„Frau Bötischa!", ruft da plötzlich jemand sehr energisch. Und da Frau Petitjean nicht sofort reagieren kann, weil sie mit Nicolas gerade herausfindet, ob es damals eher eine

Stein- oder eine Sandwüste gewesen sei, kommt die kleine energische Person gleich selber zu ihr hin. Sulamits rundes, stupsnasiges Laubfleckengesichtchen guckt äusserst empört, und sie fragt:
„Frau Bötischa, gäll, Engel haben Bauchnäbel?!"
Voilà, da haben wir's. Solch heikle theologische Spitzfindigkeiten haben wir in der religionspädagogischen Ausbildung natürlich nicht durchgenommen! Aber, dass wir die Schülerinnen und Schüler in jedem Fall ganz ernst nehmen und auf ihre Anliegen und Fragen eingehen müssen, das haben wir sehr wohl gelernt. Ich probier's mit einer Gegenfrage. Das ist weniger riskant: „Warum ist das für dich ein Problem, Sulamit?"
Jetzt stürmt, genau so empört, Reto, Sulamits Banknachbar, herbei und richtig entrüstet funkelt er sie an und sagt zu mir: „Engel können gar keinen Bauchnabel haben. Die sind doch fast ganz durchsichtig. Da sieht man keinen Nabel."
Neugierig geworden, begebe ich mich an das Pult der beiden Engelexperten, um mir deren gemalte Ursachen des Disputs anzuschauen. Sofort wird mir klar, dass hier ein Engelkonflikt entstehen musste.
Sulamits Engel ist riesengross und ganz „blutt". Breitbeinig, gewaltig füllt er das Bild aus, auf starken, festen Füssen, ganz in orange, mit Riesenflügeln in goldgelb. Mitten auf dem Bauch ein dicker schwarzer Punkt: der Nabel.
Schwarz wie die Nacht... Dieser irdische Engel wurde einmal geboren. Punkt.
Daneben Retos Engelchen: Von ganz oben herab schwebt etwas Zartes, in einem Goldflimmerwölkchen über einer Wasserquelle in der Wüste. Dieser Himmelsbote braucht keinen Nabel. Klar!
Klar? Überhaupt nicht. Bereits die Kinder hätten gern Fakten. Bitte, liefern Sie einmal Fakten zu Engelangelegenheiten

– und schon bewegen Sie sich inmitten der Problematik von Vermittlung religiöser Thesen schlechthin – eine Gratwanderung!
Wie die Geschichte wohl ausgeht?
Da wir zum Schluss kommen, dass das Herz als Symbol der Liebe allen Engeln, den irdischen und den himmlischen, zu eigen sei, klebt Sulamit ein prächtig glitzerndes Herz einfach über den schwarzen Punkt – und weg ist der Nabel. Und damit das Problem.
Eigentlich schade – ich selber liebe nämlich Engel mit Bauchnabel und Herz!

Hinweis zu Bauchnabel/Bauchnäbel:
Korrekt ist, auch im Plural, die „Bauchnabel". Die Erstklässler jedoch verwenden den Ausdruck: die „Bauchnäbel".

Eigentlich wäre es eine besinnliche Zeit...

Gerade in der Weihnachtszeit zerren mich meine Reli-Schüler und Schülerinnen gar oft aus der so schön im Kalender festgelegten, *besinnlichen* Zeit heraus; sie bringen mich zuerst zum Schmunzeln, dann zum *Sinnieren* – und sie geben der *Besinnung* einen oft ganz unerwarteten *Sinn*.

Wieder einmal lade ich Sie ein, mich in Gedanken in ein behagliches, adventlich geschmücktes Schulzimmer hinein zu begleiten.
Ich sitze mit einer Gruppe Erstklässler im Kreis, um über die fröhliche Weihnachtszeit zu reden. In der Mitte brennt die zweite Kerze am Adventskranz.
Die Kinder sind kaum zu bremsen, so viel wollen sie erzählen von all dem Weihnachtswissen, welches sie sich in ihrem zarten Alter bereits angeeignet haben.
Einige schwelgen thematisch von Hirten, Krippen, Engeln und natürlich dem Jesuskind, das Gott selber zur Welt geschickt habe, damit es den armen Menschen helfen könne.
Die Advents- und Weihnachtszeit erleben die Kinder in ihren Familien auf sehr unterschiedliche Art. Nicht alle kennen den Ursprung, warum wir eigentlich dieses Fest des Schenkens feiern.
Bald überbieten sie sich mit eher weltlichen Schilderungen von mit Süssigkeiten gefüllten Adventskalendern, Geschenken, Wunschlisten, bunten Katalogen, Guetzlibackfreuden, Weihnachtseinkäufen, Weihnachtsdekorationen, meterhohen Weihnachtsbäumen, leuchtenden Lichterketten an ihren Elternhäusern ... Ihre begeisterten Ausführungen bilden gedanklich ein überquellendes, weihnachtliches Füllhorn.
Erinnerungen an meine eigene Kindheit, mit meiner damals unbändigen Vorfreude auf den Heiligen Abend mit seinen

viel versprechenden Geheimnissen, werden in mir wach.
Der sonst eher quirlige Basil aber sitzt auffallend ruhig in der Runde.
Bis – und jetzt erschrecken Sie nicht – bis er in einem ersten ruhigen, fast besinnlichen Augenblick laut und vernehmlich trompetet: "Wiehnachte iss ä Ssyiss-Zyt!"
– Ruhe –.
Und dann meine ziemlich blöde Frage, wohl zum entsprechenden Gesichtsausdruck: "Was?!"
Basil ist vielleicht über meine Reaktion erschrocken und er versucht abzuschwächen: „Nit grad eso sslimm – aber…"
Aber, da habe ich inzwischen meine Sprache wieder gefunden. Ich sage Basil, dass es sein Recht sei und er sicher seine Gründe habe, wenn er Weihnachten eben – siehe oben – so, und nicht anders, empfinde. Ob er uns erklären wolle, warum dieses Fest für ihn so – sagen wir mal – krass sei?
Basil schaut seinen enorm wortgewandten Freund und Nachbarn Niggi an: "Sags du!"
„Jaa, Frau Bötischo", so spricht nun Niggi: „Sie sollten halt einmal in unsere Kinderzimmer sehen können!"
Ich begreife nicht ganz, was er damit sagen will und der Siebenjährige spricht nun schön langsam und deutlich zu mir, wie wenn er einem Wesen von einem anderen Stern etwas beibringen müsste. Seine Erklärungen unterstreicht er gestenreich, mit ausladenden Handbewegungen: "Stellen Sie sich vor: Unsere Kinderzimmer sind soo voller Zeugs, manchmal kann man gar nicht mehr richtig durchs Zimmer gehen, ohne auf etwas zu treten. Und dann müssen wir ständig wieder aufräumen und das ist megaschwierig, weil es fast keinen Platz mehr hat, um alles zu versorgen. Und dann, an Weihnachten müssen wir soo viele Pakete aufmachen und soo viel neue Sachen mit ins Zimmer quetschen."
Seine Stimme wirkt dramatisch: "Und dann wird es noch-

mals megaschwierig, alles zu verräumen, weil nämlich immer weniger Platz ist. Und weil wir dann manchmal nicht mehr wissen, was wir spielen sollen, wenn wir nichts mehr finden. Sehen, Sie, Frau Bötischo..."
„Jä", fällt ihm nun Basil ins Wort. „Und dann müssen wir erst noch immer danke sagen für all das Zeugs. Und mängsmol noch basteln. Und das sstinggt uns nämlig."
Alle anderen Kinder sitzen aufmerksam da und hören gebannt zu. Ich auch. Und ich gucke die beiden an, als käme ich wirklich von einem anderen Stern.
„Oh du Fröhliche!", denke ich,
„Oh du Gnaden bringende Weihnachtszeit..."

Einsam wacht

Es ist so richtig gemütlich im Schulzimmer. Es riecht nach Bienenwachs und Tannenharz. An den Schulhausfenstern kleben Engel und Sterne in allen Formen und Farben. Sie heben sich freundlich vom schweren dunkeln Gewölk ab. Der Himmel ist nassgrau, tropfend und triefend; aber eben draussen, zum guten Glück. Das verhilft dem ohnehin wohligen Gefühl im warmen Klassenzimmer zu noch mehr Behaglichkeit.
Jeden Morgen singen die Lehrer und Lehrerinnen mit den Kindern nun Weihnachtslieder, moderne poppige oder auch die altbekannten, vertrauten.
Auch wird nun mehr Zeit eingesetzt für kreative Bastelarbeiten, oder um Texte und Gedichte für eine Schulweihnachtsfeier zu üben.

Die Zweitklässler sind ganz eifrig am Arbeiten. Ihre Aufgabe ist es ein Bild zu malen, welches Themen von Advent oder Weihnachten beinhalten soll.
Es ist für mich richtig spannend, durch die Bankreihen zu gehen, um die Vielfalt der entstehenden kleinen Kunstwerke zu betrachten. Hie und da rede ich mit einem Kind und erfahre, was es darstellen will.
Thomas hat das klassische Krippenbild gezeichnet. Alles, was dazu gehört, ist auf dem Bild zu sehen: Ein breiter, ausladender Stall mit Kripplein, beleuchtet vom warmen Licht einer Laterne, Maria und Josef, beide ruhend, im Hintergrund gehörnter Ochs und grauer Esel, schlafend, mit fest geschlossenen Augen. Unter dem Dach auf einem Balken liegt ein lustiger Engel und über allem strahlt der Stern von Bethlehem. Am Himmelszelt blinken viele weitere kleine Sterne. Draussen, neben dem Stall, steht jemand ganz allein

– ohne Schaf, ohne Krone – ohne etwas. Diese Figur interessiert mich und ich frage Thomas, wen er da hingezeichnet habe.
Seine Antwort kommt sofort. Er guckt mich überrascht an und sagt spontan:
„Das isch dänk dr Einsam, dä wo wacht!"
Sie alle kennen das Lied *„Stille Nacht, Heilige Nacht"*. Und wir alle singen jedes Jahr mehr oder weniger inbrünstig: *"Alles schläft, einsam* (Einsam!) *wacht ..."*
Im Lied sind es dann zwar das *traute, hochheilige Paar* und der *holde Knabe im lockigen Haar*, welche wachen. Aber Thomas hat das Adjektiv ,einsam' personifiziert und den *Einsamen* daraus gemacht.
Da steht er nun, der *Einsame*. Er ist draussen, ganz allein. Er kann nicht drinnen sein, beim Licht. Keine Behaglichkeit umgibt ihn. Er hat eine Aufgabe: Er wacht.
Stellvertretend für viele wacht er nun. Schliesslich schlafen gleich daneben im Stall die heilige Familie und sogar der Ochs und der Esel, und auch der Engel liegt hier ermattet auf seinem Dachbalken herum.
So steht der *Einsame*, so wie Thomas ihn gezeichnet hat, einerseits für alle die, welche allein und aufmerksam wachen. Zur Sicherheit und Betreuung der anderen sind sie tätig in manchen Berufen; als Pflegende und Ärzte, als Polizisten und Wächter und vieles andere mehr. Sie sind menschliche Schutzengel, damit wir alle tief und ruhig schlafen können, wie auf Thomas' Bild die heilige Familie, oder sogar Ochs und Esel.
Andererseits steht sein *Einsamer* aber auch für all die vielen verlassenen, allein gebliebenen Menschen, die sich gerade in der Weihnachtszeit als „draussen stehen Gelassene" fühlen müssen.
Thomas, dein innovatives Verständnis für den Text des

alten Weihnachtsliedes hat dazu geführt, dass ich nun beim Singen der Strophen: „Alles schläft, *Einsam* wacht..." immer an die *Einsamen* erinnert werde. Möge es so sein, dass sie nicht vergessen bleiben, denn genau für sie ist es doch eigentlich auch Weihnachten geworden.

Die ganz echte Weihnachtsgeschichte

Es herrscht das übliche Gewimmel in einem Warenhaus, wenige Tage vor dem Weihnachtsfest.
Eine junge Frau steht etwas hilflos vor den Bücherregalen und der erstbeste, noch jüngere Verkäufer, welcher an ihr vorbei zu hasten versucht, wird von ihr aufgehalten.
Ich stehe hinter dem Regal und kann nun, zuerst unfreiwillig, später ganz ungeniert neugierig, folgenden Dialog mithören:
„ Können Sie mir zeigen wo ich die echte Weihnachtsgeschichte finden kann?", bittet sie.

„Welche echte Weihnachtsgeschichte meinen Sie?" fragt er, mit einem charmanten, wohl fremdländischen Akzent.

„ Nun, eben die Echte, die Wahre meine ich. Ich weiss nicht, wo ich sie suchen soll."

„Ja, können Sie das etwas genauer beschreiben? Von wem sie ist und so?"

„Es soll nur eine Echte geben, die möchten Sie mir bitte zeigen."

„ Es tut mir leid. Ich kann ihnen nicht helfen, leider. Wir müssten schon etwas genauere Angaben haben. Verfasser, Verlag oder so. Sonst weiss ich nicht, welche „Echte" sie meinen. Sorry."

Vielen „Geschichten, die das Leben schreibt", kann man täglich neu begegnen, egal wo. Heute nun erlebe ich sie inmitten des Vorweihnachtsverkaufs und ich bin gespannt, wie es mit dieser „echten, wahren" Weihnachtsgeschichte wohl weitergeht.

Die Kundin bleibt beharrlich und lässt den jungen Verkäufer nicht einfach entwischen. Sie zieht ein Buch aus dem Regal und fragt:

"Dieses hier. Was ist das?"

„Ja gut. Das ist eine Weihnachtsgeschichte. Die kommt gut an, von Engeln und so. Wollen Sie die?"

Die Frau zögert.

Er: „Oder hier, eine aus – wahrscheinlich – Amerika oder England, oder so." Er liest vor: „Charles Dickens. Ein Weihnachtsmärchen. Schön illustriert."

Sie: „Aber, ein Märchen kann ja wohl kaum die echte Weihnachtsgeschichte sein."

Er beginnt zu schwitzen. Ich kann es sehen.

„Ja, dann", sagt er zu ihr: „ dann schauen Sie in Ruhe alle die Bilderbücher durch. Oder sonst sollten Sie besser in eine grosse Buchhandlung gehen. Vielleicht kann man Ihnen dort weiter helfen. Die haben viel mehr zur Auswahl."

Diese Geschichte scheint ein „Ende ohne happy end" zu nehmen und ich bin jetzt, in beinahe „frommem Eifer", entschlossen, mich hier einzumischen; sozusagen zur Rettung der „Echten".

Aber - weg waren sie jetzt, untergetaucht in der Brandung der vorweihnachtlichen Shopping-Euphorie.

Ob die junge Frau der „Echten" wohl noch begegnet ist?

Meine Geschichte ist wahr und so geschehen.

Und falls Sie selber die „echte Weihnachtsgeschichte" etwa

vorlesen möchten am Heiligen Abend, dann schlagen sie natürlich die Bibel auf unter Lukas 2,1-20,
oder vielleicht doch lieber unter Matthäus 2, 1-12 ?

Sehen Sie, das sind ja nun bereits zwei „ganz Echte", nicht bloss eine...!
Das macht gar nichts. Halten wir es doch einfach mit dem Mystiker Angelus Silesius (17.Jahrh.), der einmal gesagt haben soll: "Und wäre Christus tausend mal in Bethlehem geboren, und nicht in unseren Herzen – wie sollte es da Weihnachten werden?"
Fazit: Die ganz echte, ganz wahre Weihnachtsgeschichte ist ja bestenfalls nicht bloss in Bücherregalen zu finden, sondern auch in unseren Herzen.
Fröhliche Weihnachten!

VI Mundartgedichte für Engel und Bengel, zum Vorlesen

D'Schmützli

Ufgwachse bin i no zimlig unsentimental:
Eis Schmützli fürs Mutti, so isch es normal,
eis fürs Grosi, wenns chunnt, oder dr Vati,
aber ufgregt hett mi das scho vom e Tanti.
Die Tante hän eim prächtig uf d'Bagge gschmutzt,
und mir hän das sofort und gründlig wägputzt.
Zum Glück isch das jo nit alldaag passiert,
mir hän is bim Schmützle halt e bitz geniert.
So bin i fascht schmutzlos dur d'Chindheit cho –
aber denn hani müesse ins Wälschland go!

Am Gänfersee hani schnäll emol glehrt,
dass es dört – très charmant – zum guete Ton ghört:
Ei baiser à droite und eine à gauche,
und das, wenn de chunnsch und au wenn de gosch!
Me nimmt dört die « habitudes très vite » aa
und s'wird eim zur Gwohnet, me dänggt gar nümm dra,
dass eim friener scho ne' einzige Schmutz gschtört het,
me isch sinerzyt nämlig au ohni ins Bett.

Dä wälschi Charme het nodisno
dr Röschtigrabä'n in Aagriff gno.
und bevor mir Dütsch-Schwyzer so rächt könne schalte,
häi zwei Schmütz bi eus äne Iizug g'halte.
Nit nur d'Schmütz hei sich bi eus vermehrt,
au d'Glägeheite, wo sich settigs jetzt ghört.

Im Verlauf vo mim Läbe bin ich rächt viel greist,
in Länder mit zwei Schmützli – eim oder keis.
Ich chumm wieder heim afangs 90-er Johr,
trifft mi fascht dr Schlag – und doch isch es wohr:
Nach de normale „Zweier-Schmutz-Attagge"
zielt me mir no ne dritte uf mini Bagge!
Ganz verschreckt bin i denn umegschosse,
aber do dra schiint sich niemer z'schtosse.

Nach es paar Wuche hani miesse konschtatiere:
Drei Schmütz sinn normal hütt, ich sott's akzeptiere.
Us Gwohnet bin ich meischtens z'frieh dervo
und dr dritt Kuss breicht mi no knapp an mim Ohr.

Im Fründes- und Verwandtekreis
schmützle hütte Buschi und Greis.
Und öb si hueschte oder niesse...
drei Schmütz sotsch geh – suscht muesch es biesse:
„1 – 2 – 3 – und du bisch duss,
äs sig denn, du machsch mit bim Kuss!"

So wie halt au d'Lüt verschiede sin,
ligge bim Schmützle Variante drin:

S'git chläbrigi und nässeri.
S'git trockeni und besseri.
S'git luti und ganz lisligi.
S'git nätti und chli grüsligi.
Und s'Schlimmscht, wo mir uf em Härze lyt,
s'git immer drei – und das brucht Zyt!

Und s'schmutze eim Lüt vo frieh bis schpot,
wo me friener nie dänkt hätt, dass das goht! -
Mi Putzfrau schmutzt, bevor si putzt.
In jedem Dorfverein wird gschmutzt;
D' Gruppedynamik spielt do mit:
Wär schmutzt ghört derzue, die andere nit!

Es schmutzt dr Coiffeur bim Adjeusäge,
es schmutzt d'Frau Pfarrer, sofort nach em Sääge,
es schmutze d'Fraue im Lädeli,
es schmutze die Chlaine im Wägeli,
nur d'Lehrer, die schmützle nonig so viel,
sunscht heisst's denn, die wäre'n emänd pädophil.

Sogar bi de Dökter cha me Schmützli fasse,
die Dienschtleischtig goht dänk uf d'Chrankekasse!
Saublöd syg das in de Tierarztpraxe,
die Viecher mache so läppischi Faxe!

Dänk, sogar d' Bundesröt schüttle nümme nur d'Hand.
Syt's dört Dame git, schmützle sie enand!

Wil ich e Brülle ha, duen ich zittere und bange,
mi Schmutzpartner bliibi an mir hange!

An dr Hochzyt tschuuderets es Hochzytspaar,
denn sie rächne heimlig vor em Traualtar:
„Zweihundert Chirchebsuecher mal drei Schmütz
git sächshundert – jedem(!) – dasch leider kei Witz!"

Und Manne, wo chum Guetnachtschmütz hän geh,
wän hüte no meh und no meh und no meh!
Mängsmol flücht i, wenn i zmitzt im Dorf
öpper gseh, wo mi scho kennt het als Goof.
Und wenn derno öpper s'Müli schpitzt,
bin i schnäll um dr negscht Husegge gflitzt!

Sogar im Himmel dieg me bi der Mode mitmache:
Alli Ängel wurde, wenn'd aachunsch, froh lache.
No befor dini Flügeli am Buggel hange,
heigsch scho drei himmlischi Schmützli iigfange!

Wär hett dä Dreier-Schmutz eigentlich erfunde?
Ich ha das bis hütte nit usegfunde!
Jetz hoff ich nur, s'chäm niemer uf d'Idee,
me sett villicht beidsytig zwei Schmütz druf geh!
An däm Dag, wo me meint me miess 4 Schmützli ha,
hänk ich glaub eifach ä Muulchorb a !

(oder ich wird d'Frau vom e Muselmaa
und leg dr ganz Tag e Chopftuech a ...)

Epilog:
Sie, wiä schmützlet me'n ächt in Zuekunft enand?
Bald lauft me jo miteme Muulschutz umenand!
Ä bitz Vogelgrippe oder Pandemie
und scho isches mit der Schmützlerei verby!
„Schutz vor Schmutz" heisst's denn im Gedicht,
und bald sin die Värs do nume no – Gschicht.

      Schluss mit Kuss!

Alternativdaag

Am Morge frieh scho stell ich mi druf ii
Wie ganzheitlich dä neui Daag sell sii.
Mi Schatz schnarcht no prächtig uf sim Rosshoorbett
Und iich, scho fit, kreis mit de Zeeche um d'Wett.
Denn zünd ich d' Kerzä'n aa – die ufem Tisch
Will jetzt mini Meditationszyt isch.

Druf göhn mir zfriede ins Mätteli uuse
(Au my Dualpartner isch jetzt nümme'n am pfuuse)
Taulaufe dien mir barfuess übers Land –
Hütt hani derbii grad e Schnägg vertrampt!
Apropos Schnägg: dä muess mys Schätzli hütt schlucke!
Är hett nämlig mängisch sone Maagezucke!

„Prophilaktisch schlucksch du jetzt dä Schnägg!
1 – 2 – 3 – und scho isch är ewägg." !
Ou! Ich Dubel – aber jetzt isch es halt scho passiert.
Das wär jo gegä Wärze, dass dr Schlym drüberschmiert.

Wieder dinne nimm ich jetzt ä Schluck Wasser mit Essig
Und dr Schatz duet guet gurgle mit Meersalz und Kressig.
Denn fön mir aa mit Körnli schroote fürs Miesli.
Dr Schatz drüllt d' Mühli und beschwört se no lysli.
Mir dien Öpfeli raschple und Banane stutze
Und nochhär d'Körnermühli suuber bürschte und butze.

Denn wäxle mir d'Wiggel vo Chabisbletter und Heu
Wo mir scho die ganz Nacht in de Hose gha hei.
S'sig guet für d'Botänz und sunscht allerlei.
Derby stupft eim das Züg und git Mösen an d' Bei.
Dorum mien mir genau an dere ploogete Stell
En Yiribig mache mit warmem Olivenöl!

Himmel! Dass das Züüg joo recht guet cha nütze
Mien mir sicher no zerscht eusi Aura go schütze.
Und no vor em Zmorge – aber joo nit spöter
Mache mir fröhlig öppe sächs Tibeter.
Stramm stönde mir denn uf dr Kuchibalkon
Und fülle'n eus d'Lunge mit rächt vill Ozon.
Es Käffeli lyt bii eus leider nümm drinn.
Jetzt isch nämlig nur no grüene Tee in.
Mis Schätzli wäffelet meischtens am Tisch
Syg schaad, dass dä Grüentee nit Schwarzkaffi isch.

Jesses – dorum fühl ich mi grad eso schwach:
Mir hän d' Tröpfli vergässe vom Dr. Bach!
Und d' Schpagyrik wo sott gegä d'Wallige nütze,
Die muess i sofort au no iinesprütze!

Wie dr Mond stoht, luege mir ufem Kaländer.
Öb me d'Hoor sell schnyde, oder d'Neegelränder.
Öb Fänschter putze oder d'Riebli säie
Ziibeli stecke oder dr Rase mäie.
Öb Nidsgänd oder Obsigänd
Der Mond zeigt alles, was mir wänd!

No bevor mir hütte z'vill usprobiere
Mien mir s'Daageshoroskop genau studiere:
Mi Maa trau ich hütt chuum voruuse z'schigge
Dä wer hütt gschyder im Näscht bliibe ligge!
Au sy Biorhytmus stimmt drüberii
Dä Daag wurd für ihn viel z'gfehrlig sy.

Do mien mir eus positiv umprogrammiere
Und öppis Erfreulichs visioniere.
Kraftvoll tien mir eus drum motiviere: –
„S'wär günschtig dr Kater no hütt lo z'kaschtriere!
Dr Mond nimmt grad ab – das muess me scho gseeh
So tuet däm dä Ygriff nur halb so fescht weh!

Genau zäh Minute nach em Ässe
Darf ich d'Globuli jo nit vergässe!
Und s'Coctail us em Gelée royal
Das isch für eus beidi optimal.
Ginseng isch xund und so exotisch
Und s'Ginkoblatt hilft dört, wo Noot isch.

Für dass euses Hirni no lang funktioniert
Hän mir Knoblauchzeche usprobiert.
Und gegä mini Oschteoporose
Ghei ich Chalbschnöche in d'Suppe'n und d'Sosse.

Am Nomidaag hei mir no meh z'tue:
Dr Schatz , dä chrampft – ich gib dr Sänf derzue:
Zerscht muess me Brenessle in d'Gülle häcksle
Und Chatzeschwänz und Geissblatt schnätzle.
Denn Ringelblueme, Johannis und Königscherze
Für Oel und Tee, gegä allergattig Schmärze!
Kamille, Meerettich, Wallwurz und so –
Alles biologisch, und xund sowieso!

Zwüschedure ras ich durchs ganze Dehäi
Und sammle sämtlechi Halbedelstäi .
Zerscht spüelt me die ame Wasserhahne
Und legt se nochhär an'd Sunne aane.
Aber die bsunders Wasserschüüche
Muess me im Meersalz guet entsüüche.
Denn leit me se wieder an ihri Stelle
Wo sy nämlig s'Huus entstrahle selle!

Jetzt griff ich zum Pändel. Ich weiss bald nimm wyter.
Bi däm Ghetz gots mir efang zimmlig schytter:
Uff d'Bruscht knall ich mir ä warms Härdöpfelpack
Und übers Chneu ä Pflotter us Magerquark.

Charte legge tuen ich au:
Die säge mir leider zimmlig gnau:
S'Amalgan in euse gflickte Zehn
Gäb Gicht; und dasch denn gar nit schön!

Währenddäm mir dr Zahnarzt s'Amalgan uusemontiert
Wird ich unde an de Refläxzoone massiert!
Im Wartzimmer sitzt my Maa und striggt.
Är isch gegä Wägwärfwindle, ganz strikt!
Drum striggt är für'd Änkelchindeli
Alli Höseli und Windeli!

Dehäim tuet dr jungi Hund e bitz zahne
Drum chunnt jetzt ä Halsband us Bärnstei do aane.
Bim Iidunkle rüschte mir denn zämme s'Znacht.
Das wird bi eus alles us Rohchoschtzüg gmacht.
S' Duftlämpli tuet dr Zibelegschmack überdecke
Und dr Hund tuet Tofufuetter schläcke..

Am Obe – ich weiss gar nit worum,
Fühle mir eus schlapp und chrumm.
Derbi tüen mir doch alles trybe
Für dass mir gsund und munter blybe!
Morn mien mir zum Naturarzt go usprobiere
Ob dä eus homöopatisch chönnt hoch potänziere.

D' Nachtsalby, sälber gmischlet und fiin
Us Mandlenöl mit Lanolin
Muess siebe mol im Kreis umme iigschmiert wärde
Gegä Runzle'n und anderi Altersbeschwärde.
Dr Chabiswiggel uf em Hinder isch no schön lau.
Jä soo! Dodermit nämme mirs denn genau!
Zletscht spraye mir gründlig, mit Roseduft
Das git ganz erotischi Schloofzimmerluft.

Mir säge Gottseidank, dass mir scho pangsioniert sin.
E sone Xundheitsmordsprogramm liggt vorhär gar nit din.

Fascht uf allne Viere schnooge mir in'd Fädere.
Mir möge, trotz Roseduft, nit emol me schnädere.
My Maa baut no ne Pyramiide übers Näscht
Denn sin mir morn gsünder und fitter als gescht!
Eusi Barchetlintüecher – do gits gar nüt z'wouwele –
Sin us ganz reiner, biologischer Bouele.
Mit guetem Gwüsse deck ich mi zue
Mi Solarplexus chunnt ändlig zur Rueh!

**

E bööse Draum hett mi packt, zmitts in dr Nacht.
Schweissbadet und bleich bi'n ich drus verwacht.
Als fynstofflig Ängeli syg ich umegflatteret
Aber wie n'ä Änte heig ich umegschnatteret:
„Friener, mit dr Chemie
Syg mis Läbe eifacher gsi!
Friener, mit Nivea, Juvena oder Jana
Heig ich viel weniger Runzle im Gsicht gha…!"

D'Schuel friener und hütte

Chunnts Ihne nit au mängmol in Sinn
Wie gfitzt doch die Chinder vo hütte sin?

So lueget emol in e Schuel vo hütt
Do chömme mir Ältere gar nümme mit.

Verglyychsch's mit ere Schuel vo friener
So sy mir alles bravi Hiener!

***

S' hett glüüte. D'Pausen isch vorbii
Alli Chinder stönde z'zweiten ii.
Vor jeder Klass hän d'Lehrer jetzt zellt
Ob keis in der Zweierreihe fehlt.
Denn marschiert d'Lehrperson dr Klass voruus
Und mir im Gänselimarsch durs ganze Huus.
So glange mir in Klasseruum
Ganz zahm und brav. Me ghört is chuum.

S' hett glüüte. D' Pausen isch scho duure.
Sy gän enand no schnäll uf d'Schnuure.
D'Goofe briele wie die Wilde
Sy seggle vo vorne und vo hinde
D'Stägen aabe und d'Stägen uuff
Im Schuelhuus herrscht e Riesepuff.
Es zittere d'Schybe, es knalle d'Türe.
Sy rysse d'Finke hindefüüre. –
Ändlig rueigets zletscht amänd doch immer
D' Lehrer troue sich usem Lehrerzimmer.

Verschränkti Ärm, dr Chopf graduufe
Schön rueig und regelmässig schnuufe.
So sitze über 40 Chind und luuege füüre
Wo dr Herr Lehrer einsam tuet doziere.
Am Morge stoht me stramm und rieft mitenand:
„Guete Morge Herr Lehrer Hildebrand!"
Genau so stramm tuet me nochhär no bätte
Und denn s'Morgelied in Daag usejätte!

Jede Meentigmorgen isch es dr Bruuch
D'Fingerneegel z'zeige und s'suuber Naastuech.
Und wehe s'hett eins no Dräck an dä Pratze
Haut em dr Herr Lehrer e saftigi Tatze.

Tapfer macht dr Lehrer d'Zimmertüren uuf
Är nimmt nomol e ganze tiefe Schnuuf.
Was er aatrifft, isch zwor nit ganz neu
Är erfahrt jo dääglig allerlei:
Dr Simon kifft grad zem Fänschter uuse
Dr Gianni isch no ne chli am pfuuse
Dr Olli und s'Babe sin fescht am schmuuse
Und s' Nati tuet dr Angelo luuse.
S' Aische tuet über d' Tisch balanciere
Dr Philipp tuet sy Gameboy traktiere,
S'Patrizia tuet mit em Michel tobe
Dr Özgül hett d'Flossen ufem Pult oobe.
Dr Freddy tuet spraye an d' Wandtafele
Und dr Maxli sy Tischplatte verchrafele.
S'Gäby chläbbt Stickers an'd Fänschterschyybe
Und s'Lindy tuet grad sini SMS schryybe.
Dr Joe und dr Kay tien Bildli tusche
Und dr Florian isch wie immer am musche.
„Hallo kids" sait dr teacher. "Cool syt dir daa.
Wenn's nüt usmacht, denn fiengte mir denn grad gärn aa."

Dr Hansli brielt lyyslig wägeme Rüffel
40 Chinder hebe verchrampft ihri Griffel.
Sy chratzen uff dr Taafele, sy rächne und schrybe
Was eim alls fürs Läbe im Hirni sell blybe.
Die Langsame und die Gschwindere,
Die Vordere und die Hindere,
Alli miesse s'glyyche wüsse
Und so chäue sy verbisse:
„Jeden Morgen Griffel spitzen
Jeden Samstag Tafel putzen
Den Tafelrahmen gründlich fegen
Das Scwämmli feucht ins Büchsli legen.
Jede Woche Tintenfass auffüllen
Federn in den Halter drüllen
Hefte ordentlich einfassen.
In der Schule stets aufpassen.

Den Erwachsenen parieren
Immer schön im Takt marschieren."

So schryybe d'Chinder mit bückte Chöpf
Wenn's Lotti tröimt, rupfs dr Lehrer an de Zöpf.

„How do you do!" Brüele d'Kiddies ganz flott
Denn Früe-Änglisch finde die Chleine no glatt.
Franzi hingege schysst se'naa
Hochdütsch macht sen au nümm aa.
Rächne und Zellä sin blödi Sache
Das cha doch dr PC sälber mache.
Hett dr Lehrer d'Frächheit, mit de Noote z'schongliere
Chömme grad d'Eltere aazmarschiere.
Wenn'd immene Tescht e bitz sottsch studiere

Gits Streik und d'Kids tüen rebelliere.
Aber megageil, vollfett und obercool
Isch jedem Schüeler sy Bürodreihstuel.
Wenn eim dr Lehrer jetz öppis will lehre
Chönnen ihm d'Chinder dr Rugge zuechehre.
Und wenn är's mit Enthusiasmus probiert
Dien die Chleine ungeniert
Uufen und abe sause und liftle
Zletscht tuet halt dr bescht Pädagog echli giftle
Und schreit, sy selle jetzt ruehig bliibe hocke!
Scho föön die härzige Chinder a bocke.
„Wenn Sie so gemein sin mit eus, denn goots fehl
Do lydet euseri Chinderseel!"

Im Turne zur Körperertüchtigung
Trätte mir aa zur „Muschterung".
Dr Grössi nooch uffgschtellt wie d'Orgelepfyffe
Stöhn mir, mit gschtreckte Bei, ganz styffe.
Wenn dr Herr Lehrer brüelt: "Achtung rührt!"
Denn sy mir zackig zringsum marschiert.

Au uff dr Schuelreis sy mir guet organisiert
Mit Studäntefuetter und chaltem Tee uusstaffiert.
In Zwöierreihe in'd SBB
Und denn mitem Schiff übere Zürisee.

Die Alte lön mir no höflich lo hocke
Hejo, sunscht tschupplet dr Lehrer eim d'Locke!
Zum Laufe hei mir no Lieder gsunge
Und dr Vorderscht het äs Schwyzerfähnli gschwunge...

So hei mir fromm und froh pariert
Dass sich dr Lehrer wägen eus nit scheniert.

Dr Pädagog hett Psychotropfe gnoh.
Denn är muess hütt uf d Schuelreis goh.
D' Kidds stürme dr Zug und mache sich breit
Und lärme, dass das kei Mensch sunscht vertreit.
Denn findes die Chleine megageil
Will sie alli andere Lüüt vertriebe hei.
Sy kämpfle und laagere d'Schueh uff de Sitz
Das stört aber nur dr Kondi e bitz.
Sy folge nit und chräje:"Meh Dräck!"
(So tuet's Vorbild Chris von Rohr sy Zwäck.)
Zum Picnic ufem Rütli gits ä Mäc und ä Cola
Per Händy hett me das jo ganz easy chönne cho la.
Dr Lehrer darf nüt säge – das gieng voll dernäbe
Nit dass die Junge no ne Schaade dervoträge.

***

D'Chinder sin immer s Spiegelbild vo jeder Zyt
Mir alli gschtalte und baue doderbii nämlig mit.
Emol zweni – emol zvill – muesch es allwäg so loh;
Kei Pändel cha ebe zlang in dr Mitti blüibe stoh.
Und doch: Die Chliine vo hütt chönnten eus
folgendes lehre:
Dass me sich mängisch in der Wält doch
gegä z'Grossi sett wehre.

***

Tip: Stellen Sie sich zum Vorlesen abwechselnd in die **Mitte***, rechts oder* links *vor Ihr Publikum, je nach Schriftart.*

Impressum:
Texte: Ruth Petitjean-Plattner
Illustrationen: Elena Lichtsteiner
Layout: Pierre Petitjean
Lektorat: Cécile Hammel, Thérèse Lei
Druck: baag druck & verlag AG

Dank klimaneutraler Produktion werden für dieses Buch die Anforderungen des Kyoto-Protokolls erfüllt.

Alle Rechte vorbehalten © 2007 by Verlag infra-text
CH-4422 ARISDORF /BL Switzerland

Für weitere Infos: www.rpp.ch

ISBN 978-3-9523126-3-6

Bereits erschienen von Ruth Petitjean-Plattner:

SKARABUS oder: „Man lebt nicht nur vom Kohl allein ..."
Bilderbuch für Kinder und Erwachsene. Es ist eine symbolische Geschichte über Werden und Vergehen, über Loslassen und Neubeginn. ISBN 978-3-033-00209-8

SKARABUS-Klaviernotenbuch
Enthält auch die Übersetzungen des deutschen Originaltextes in E, F, I, R. Das Konzert, mit Melodien zum Bilderbuch, wurde komponiert von Bettina Urfer. Dauer ca. 30 Min.
ISBN 978-3-9523126-1-2   CD/DVD siehe www.rpp.ch

BENJAMIN will mutig werden
Ein Kinder-Bilderbuch über „Mut und Vertrauen". Die Erzählung handelt von Tigern und Löwen in authentischer Umgebung.
ISBN 978-3-9523126-0-5

Weg der Liebe
ADVENTS/WEIHNACHTS-Aufführung
Texte mit Produktionsanleitung.
ISBN 978-3-9523126-4-3